人生は50からが面白い！
60からはもっと面白い‼

望月十三恵
Tomie Mochizuki

かざひの文庫

✦はじめに

私は静岡県藤枝市で生まれました。

皆さん、藤枝市はご存じですか?

静岡には天下の富士山から、三島大社に浜名湖、その昔は新婚旅行の定番だった熱海や伊豆など、たくさん有名な観光地があるので、だいぶマイナーな印象かもしれませんね。

藤枝は静岡の中央部に位置しており、新幹線を使えば、東京から1時間半ほどで着いてしまいます。

昔からお茶の栽培やサッカーなどが有名です。

藤枝出身の有名なサッカー選手といえば、日本代表の長谷部誠さんです。彼

PROLOGUE

はじめに

はいつも私の家の前を通って、高校に通っていました。

「藤枝ラブ」の人間としては、特におススメしたいものは「朝ラー」です。

朝ラーとは「朝ラーメン」のことです。

焼津の町が隣にあるので、その魚市場に朝4時〜5時頃に仕事に出かけた業者たちが、お腹を空かせて地元に帰ってきて、すぐに手軽に食べられたものがラーメンだったそうです。それが次第に広まり、今では「朝ラーメンの町」として「朝ラー」を前面に押し出しています。

「朝ラー」は、鰹節ベースのラーメンで、あっさりしていて、朝から食べやすいというのも、その人気のひとつだったようです。

それから、江戸時代から続く「藤枝大祭り」という魂の祭りがあります。3年に一度「寅、巳、申、亥」の年に行われます。

見どころは、旧藤枝宿の9町と、隣接5町の合わせて14町が屋台を曳き廻し、長唄・三味線・囃子方に合わせて地踊りを披露します。一台の屋台で80人以上もの踊り手が一斉に踊る祭りは他になく「日本一の長唄の地踊り」とも言われています。

もうひとつ「藤枝大観音」もなかなかの迫力です。総高さ約17メートルで、青銅製の観音菩薩像としては、日本最大の大きさといわれています。

と、藤枝の宣伝から始めてしまいましたが……。

実は私は、この町からほとんど出たことがありません。

50代になってようやく、東京と静岡を行き来するようになりました。

すでに両親は他界しましたが、一人っ子だったので、まさに箱入り娘のようにして育てられ、61年間、そのまま実家で過ごしています。家族は30歳の時に結婚した夫と社会人の息子がいます。

私の子供の頃の夢は「作家」になることでした。

高校を卒業したら、東京の大学に進学して、出版社に就職し「書くこと」を

PROLOGUE

はじめに

仕事にしたいと思っていたのです。

でも残念ながら、その夢は叶いませんでした。

それからあっという間の半世紀、いつかは夢を叶えたいと思いながらも、日常に追われてしまい、50を目の前にした時には、さすがに、

「このまま人生終わってしまうんだろうな」

とあきらめモードでした。

それが50代に入り、33年務めた仕事を辞めたところから、私の人生が大きく動き出したのです！

数回の転職を経験しながら、この10年間で、想像もつかない出来事がフルスピードで私に襲い掛かりました。

その中で一番のサプライズは「本を出版する」ということでした。

なんということでしょう。60代にして、長年の夢が叶ってしまったのです。

本を出版するきっかけは、風水心理カウンセラーの師、谷口令先生に、

「どうしてあなたはそんなにポジティブなの？　そのポジティブなところをまとめたら、面白い本になるんじゃない？」

と言われたことです。面と向かって言われたのは初めてでしたが、それを聞いて「確かにそうかも！」と思いました。

こんな激動な人生、特にこの10年は誰にも真似できないことの連続でしたから、それを書けば面白くなるかもしれないと思ったのです。

そこでふと思い浮かんだ本のタイトルが「人生は50からが面白い」というものでした。

でもまさか、本当に本を出すとは思っていませんでした。

そのあと、熱海の来宮神社にお参りに行く機会がありました。そこで、ものすごいパワーをいただき、それからあれよあれよと出版の話が動き出したのです。思わず「こんな面白い人生ある？？」とつぶやいていました。

PROLOGUE

はじめに

私は仕事をすることに関しては誰にも負けず、人を元気にするために努力を惜しまず、ここまで来ました。

その途中、いいことも悪いことも、本当にいろいろありました。

でもそれらにめげず、ポジティブで立ち向かったからこそ、今の自分があると思います。

普通の女性でも50代からこんなミラクルなことが起きて、60代になって夢を叶えられるなら、私だってやれることはもっとある！　と元気になっていただきたく、ペンをとりました。

どうぞ気軽に、楽しみながらお読みください。

CONTENTS

CONTENTS

目次

第2章 「激動」の50代の始まり

第3章 私のジレンマと母の介護

CONTENTS

目次

第4章 50代の出会いは人生を変える

第5章
60代はもっと面白いことばかり

第1章

49歳までは「希望」と「不安」の連続

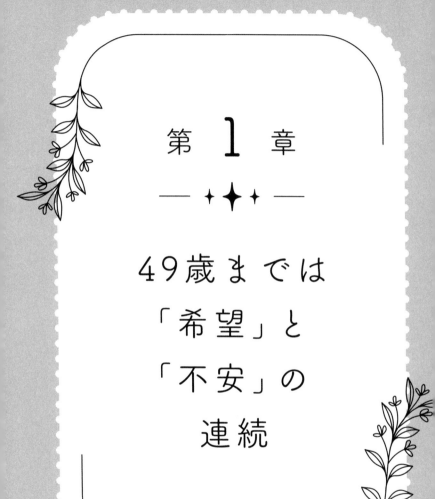

「ニワトリ小屋事件」は人生最大のトラウマ

私は3900グラムのビッグベビーとして、この世に生まれてきました。

小さい頃から食欲旺盛で、小学校の給食は一人分では足りず、男子たちと競っておかわり。しかも、給食が食べきれず困っている子の分まで食べるほど！

本当は良くないのかもしれませんが、当時の私は、

「食べきれない給食をいつまでも食べさせるなんて、大人はなんて理不尽！」

と考える、だいぶ大人びた子供でした。

小学校高学年になると「人に負けたくない気持ち」が強くなっていきました。

その理由は色々とありますが、その中でも一番私に影響を与えたのが、人生最

大のトラウマ事件である「ニワトリ小屋事件」です。

当時クラスで、毎日二人ずつ当番になって、ニワトリ小屋の掃除をしていました。小屋の中の掃き掃除をしてから、最後にニワトリが卵を産んでいるかを確認するのです。産んだ卵は当番が持って帰ることになっていて、私はそれを確認するのがとても楽しみでした。

わくわくしながら、ふわふわの藁の中を覗きましたが、残念ながらその日は卵がありませんでした。もう一人の女子当番と「また今度だね」と話しているとがちゃがちゃと奇妙な音がしました。

私はふと、扉のほうを振り返りました。すると、クラスの男子数人が、扉の鍵を閉めて、走っていってしまったのです！

「うそでしょ!?」

私は慌てて扉を開けようとしましたがびくともしません。同時に、上から何か強い視線を感じました。おそるおそる見上げると、いつもは大人しいニワトりたちが、さすがに異変を感じたようで、私たちをぎろっと睨んでいたのです！

「まずい、早くここから出ないと！」

私たちは、柵の隙間から、必死に助けを呼びました。

「閉じ込められました！」

「誰か、助けてください！！」

でもニワトリ小屋は校庭の隅にあったので、すぐにその声に気が付く人はいませんでした。いよいよニワトリたちは、羽をバタバタとさせ、今にも私たちに飛びかかろうとしています。

もう一人の女子が、怖さのあまり泣き出しました。私も本当は怖くて仕方がなかったのですが「大丈夫だよ！」と励ましながら、必死に叫びました。

「お願いします！　誰か、助けてくださーい！！」

ようやく、ニワトリ小屋に一番近かった低学年のクラスの子たちが、私たちの声に気が付き、先生を呼びに行ってくれました。

慌ててやってきた担任の先生が、扉の鍵を開けてくれ、事なきを得ました。たった数分の出来事だったはずですが、私にはとてもとても、長い時間に感じられました。

私はその事件以来、鶏肉を食べられなくなりました。

鶏肉と思っただけで、あの時のニワトリのぎろっとした目、ばさりばさりという羽の音を思い出してしまい、とてもじゃないけど口にできないのです。

ちなみに当時、私より怖がっていた女子は、さほどトラウマを受けなかったようで、その後会った時も、美味しそうに焼き鳥をほおばっていましたが……。

こうして私の中に、

「絶対男子には負けない！」

という敵対心が大きく沸き上がったのです。それは年を重ねるに連れ、男子から男性へ、そして仕事へ。あらゆることに対して「勝ち負けにこだわる」という思いに変化していきました。

担任の先生が与えてくれた「夢」

今でこそ初対面の人にでも、自ら面白トークで場を和ますことが得意となりましたが、幼い頃は人と面と向かって話すことがあまり得意じゃなく、家で静かに読書をしているのが好きな女の子でした。

教育熱心な両親は、一人っ子の私にたくさん本を買ってくれました。

絵本や童話10巻集のほか、一番印象に残っているのが、全12巻の百科事典。

今ではすっかり、物置の隅で眠っていますが……。

その事典の一冊に「音楽」のジャンルがあり、その付録にプラスチックのレコードが付いていました。

同世代の方たちには「あー、あれね！」と分かってもらえるかと思いますが、当時は、そういうおもちゃみたいなレコードが、よく本の付録に付いていて、レコードプレーヤーにかけるとちゃんと音が出たのでした。

その事典の付録のレコードには、クラシックの曲がいくつも入っていました。ベートーヴェンの「田園」やヨハンシュトラウスの「ウィーンの森の物語」など。私はそれらが好きで、繰り返し何度も聞いていたのを覚えています。

それから、物を書くことも好きで、よくポエムを書いていました。

もうどんなことを書いていたかは忘れましたが、自分の気持ちを文章に書き留めておくことが好きだったんだと思います。

学校で書く作文も得意でした。一度、担任の先生に褒められたことがありました。小学校4年生で、「わたしのお父さん」というテーマで作文を書いた時のことでした。

クラスの中で、上手に書けた二人が、授業参観の時に披露することになりました。

私はその一人に選ばれたのです。

まずは、もう一人の女の子が先に作文を読みました。その子の作文は、教科書に載っているような、とても上手な文でした。お父さんと家でどんなことをしたのかなど、情景が手にとるように分かりました。でも理路整然としすぎているのか、子供心に「あんまり面白くないな」と思ったのです。

私の作文はというと、起承転結の「転」や「結」から始まる斬新な文章で、朗読を進めていくうちに、笑いが起きました。

作文の披露が終わると、先生が言いました。

「実は今日、二人の女子の作文を披露させてもらいましたが、最後までどちらか、一人に絞れませんでした」と。

その理由を感じてもらうために、二人に読ませたというのです。私が感じたように、先生も一人目の子はとても文章が上手と褒めました。そして私の作文は、上手い下手というよりは、インパクトがあり、表現が面白かったので、あえて今回読んでもらった、ということでした。そんな風に作文を褒めてもらったことはなかったので、とても嬉しかったことを覚えています。

その後、その担任の先生から「望月は作家になればいいのになあ」と言われました。とても意外な言葉でした。それまで特に作家になろうと思ったことはありませんでした。

作家と言われてもピンときません。たまたまテレビに出ていた五木寛之さんを見て「作家ってこんなにおじさんなんだ」と思っていたくらい。

先生はなんでこんなおじさんがやる職業を私にやれというんだろ、と思ったほどでした。ちなみにこの時の、五木さんの年齢は40代でしたので、さほどおじさんでもなかったんですが……。

でもその担任の先生の一言がきっかけで、人生最大の夢となる「作家」という目標ができたのです。

私、もしかして作家になれるかも!?

すっかり「作家になるのもいいな」と思うようになった私ですが、並行して「スチュワーデスになってみたい！」という夢がありました。今はCA（キャビンアテンダント）と言いますね。

当時流行っていた『アテンションプリーズ』というCAを扱ったドラマに憧れてのことでした。飛行機の中で、カッコイイ制服を着て、外国のお客様に英語を使いながらサービスを行う姿に、とても憧れました。

そのドラマに夢中になった私は、早速母に頼み込み、英語の塾に行き始めました。当時、学習塾に行っている子は多かったですが、英語の塾に行く小学生は珍しく、中学生と混ざって英語を習っていました。

初めこそやる気満々で、このまま英語を極めて、大学は英文科に行くのもいいなと思うほどのめりこみました。ただそれは長くは続かず、いとこのお兄ちゃんから「そう簡単にスチュワーデスなんかになれないよ」と言われたのもあり、いつしか夢は消えました……。

中2の頃になると「作家」の夢を後押ししくれる、もう一人の恩師、S先生に出会いました。

S先生は女性で英語の先生でした。ご夫婦で英語教師をされていました。よく私のことを気にかけてくれていて「望月は○○（男子生徒）のこと、好きなんでしょ？」と言ってきたことがあり「おお、先生、すごい！」と思ったことがありました。私は、先生が指摘した男子が本当に好きだったのです。

それまで何でも相談できる大人が身近にいなかったので、S先生のことを信頼し、何でも話せるようになりました。

ある時S先生から、

「望月の班ノートは面白いこと書いてあるけど、自分の本心は隠して書いてるよね？」

と言われたことがありました。

クラス内で、4人一組となって「班ノート」というものを書いていました。その日あった出来事や、思ったことを書くノートで、先生がそれを読んで、生徒たちの心情を汲み取り、感想を書いてくれるのです。

私は特に意識せず、そのノートを書いていましたが、「S先生は私の文章から、本音を見抜いてくれた」と感激したのです。

そこであらためて「文章が面白い」と言われたことと、書くことは誰かに何かを伝えることなんだ、と再認識したのです。

すっかり気をよくした私は、友人に頼まれてラブレターの代筆をするようになりました。友人になりきって「想い」を書くことがとても楽しい時間でした。

友人もその代筆ラブレターを読んで「とてもいい！」と喜んでくれました。

書くことへの楽しさ、喜びを知った私は、高校は共学校に行き、さらには東京の大学で文学を学び、そして作家を目指す、という気持ちが強くなっていきました。

S先生には、中学を卒業するまで、何かとお世話になりました。

結局、私は希望していた共学の高校ではなく、別の女子校に行ったのですが、一度だけ偶然、S先生に会うことがありました。その時も私を気にかけてくださり「将来はどうするの？」と声をかけてくれました。私は「国文科がある、東京の大学に行きたい」という話をしました。

すると先生は笑顔で、「がんばってね。また何かあれば、いつでも連絡してきてね」と言ってくださいました。

結局、それきり会うことはありませんでしたが、S先生のおかげで、今の私はあると強く感じ、今でもとても感謝しています。

「女性の生き方」を学んだ高校時代

高校時代、二人の先生から女性の生き方について学びました。

まず古文の先生は、とても面白い考えを持っていました。40代の女性で、授業中にこんなことを言いました。

「これからは必ず女性の時代が来る。男は度胸、女は愛嬌というが、それは逆だ」

男性は会社に入って営業マンになったら、愛嬌を振りまいて仕事をしていく、逆に女性は度胸を持って、世界に羽ばたいていく存在になるんだと。

私はその言葉に、目からウロコでした。

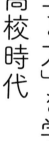

現在放送中の大河ドラマ『光る君へ』は、紫式部を主人公とした物語ですね。紫式部と言えば、言わずと知れた、平安時代に『源氏物語』を書きあげたと言われる女性です。

古文の先生は、その平安時代のことを例に挙げて話をしてくださいました。

「平安時代は男性が文を持って女性の元に会いにいった。それはどういうことか、みんな分かる？」

それを聞いて、昭和時代の女子高生たちは、その状況が分かっても、本当の想いまでは分かりません。みんな口々に好き勝手なことを言い合いました。

「どこかで待ち合わせてお茶飲みに行くの？」などなど……。

先生はそれを聞いても怒ることなく「女性と肉体関係を持つために行ったのよ。当時は男性から通うのが、愛の告白の仕方だった」と教えてくれました。

さらに「でもこれからは女性から行く時代なの。あなたたちも、誰かを好きになったら自分から行きなさい」と続けたのです。

こんなことを古文の授業の時間に言われたら、興奮しますよね。

その日の授業は大いに盛り上がりました。そして私は「これからは女性が積極的に行く時代なんだ」と思ったのです。

もうひとり、現国の先生も女性の生き方を教えてくださいました。古文の先生とは正反対で、こてこての絵にかいたような真面目な先生でした。

ユーモアがなく、退屈な授業に飽き飽きしていた私たちは、授業中に『ベルサイユのばら』の漫画の単行本を回し読みしていました（若気の至りですね）。

みんな上手に回していくのですが、なぜか私の手元に漫画が来た時に、先生にみつかってしまい、放課後、職員室へ呼ばれました。おまけに母親まで呼び出されたのです。

先生は真っ赤な顔をして「どうして授業中にこんなもの読んでるの！」と怒りました。母親にも「お宅のお嬢さんはどうしてこんなことするんですか？」と嫌味を言う始末。先生に平謝りの母親に、私は言いました。

「どうしてそんなに謝るの？　だって先生の授業が面白くないんだもん」

母は慌てて私の頭を下げさせましたが……。先生のプライドはズタズタにされたのでしょう。その後、現国の先生から目の敵にされたのは言うまでもありません。

その先生の姿を見ていて、私はふと、童話『シンデレラ』を思い出しました。シンデレラが王子様に見初められたところを見て、嫉妬に狂う母や姉たちの姿に重ね合わせたのです。『シンデレラ』を初めて読んだのは、幼稚園の頃だったと思います。当時から、王子様がシンデレラを選んでお城に連れて行くハッピーな様子より、母や姉たちの女性の嫉妬や闇に興味を持っていました。

この先生の姿を見て、女性はやっぱり嫉妬するもの、そういうことをあらためて実感したのです。

多感な高校時代に「女性の生き方」について、身をもって学べたことは、その後の人生、特にカウンセラーの仕事に大いに役立っています。

人生、初めての「挫折」

高校時代はバレーボール部に入り、毎日練習に明け暮れました。

私の上の世代と下の世代は、東海大会に出るほど強かったのですが、なぜか私たちの代だけは出ることができませんでした。その代わり結束力は他の代よりだいぶ強く、40年以上経った今でも、事あるごとに集まっているほどの仲良しです。

のちに、風水心理カウンセラーという資格の勉強をすることになるのですが、その時に学んだ九星気学によると、私たちの代はとても結びつきが強いと知って、なるほどなと思いました。

高校時代の思い出はつきません。女子校だったので、その特有の雰囲気を楽しみました。

体育祭の時になると「男装」という一大イベントがありました。近くの男子校から制服やサングラスを借りてきて、みんなで男性になりきります。

当時は『ビーバップハイスクール』が流行っていましたので、ちょっと不良ないでたちの男装を、応援団の仲間と一緒に楽しみました。

その時のエピソードを、雑誌『アンアン』の読者コーナーに投稿したところ、掲載されたのです！

ペンネームは「藤枝市 とみちゃん」。

すぐにクラスメイトのひとりが、その投稿に気が付きました。

「え、まさかこれ、とみちゃんが書いたの？」と大騒ぎになりました。

私が書いた文章が雑誌に載って、それをみんなが見て喜んでいることに、とても感激しました。しかも知らない大人たち（編集者の人たち）が私の文章を認めてくれたんだと、とても自信を持ちました。その後もいくつかの雑誌に投稿しては掲載され、ますます書くことへの意欲を高めていきました。この頃からペンネームは紫式部でした。

こうしてみると、順風満帆な高校時代のように見えますが、実は高校入学時に、初めての「挫折」をしています。

女子校は第一志望ではありませんでした。他に行きたい共学の高校があったのです。それを両親に告げると母が反対しました。「女子校以外はだめ」と。初めこそ反抗していた私は、最後は母が言うまま女子校に進学しました。レベルも落としての進学にやる気をなくしていましたが、その女子校で出会った仲間や先生方に救われました。かけがえのない人たちばかりで、次第にこの選択は無駄ではなかったと思うようになりました。

そしていよいよ、高校3年生となり、大学進学の時期です。その女子校は進学校でしたので、ほとんどの人が大学進学を希望していました。私も東京の4

大に進学を希望していましたが、またここで母に反対されてしまうのです。

「地元の短大に行きなさい」

4大に行くと、結婚が遅くなるというのが、その理由でした。

私が難色を示していると「じゃああなた、将来はどうするつもりなの?」と母は聞いてきました。私はそこで初めて「作家になりたい」と告げました。でも「そんな夢みたいなものになれるわけがない」と反対されてしまうのです。

東京に出るには、親の承諾なしでは難しく、さらに一人っ子なので、家を継ぐという使命もあり、何でもかんでも自由にすることができませんでした。

結局、高3の11月になっても、進学先が決まっていなかったのは学校で私ひとり。お先真っ暗の状況で「ああ、私の人生終わった!」と思っていました。

人生二度目の挫折。世の中そう簡単にはうまくいかない、と心に強烈に刻み込まれるのです。

就職先は意外にも楽しかった!

結局、東京の進学をあきらめた私は、二学期も終わりかけになっても、学校でひとり、高校卒業後の進路が決まっていませんでした。

母親は相変わらず、「県内の短大に行って、保母か看護婦になればいいじゃない」と言っていましたが、それに従う気にはなれず、かといって就職先をどうやって探せばいいかも分かりませんでした。

心配してくださった担任の先生が「だったらここ行ってみるか」とある司法書士事務所の事務員の話を持ってきてくれました。

ちょうど学校の近くに、新しく司法書士事務所ができることになり、その事務所の関係者が女子校の副会長もしていたこともあって、私の高校からひとり事務員が欲しいという話でした。

もはや私は、就職先に特にこだわりがなかったので、二つ返事でその事務所にお世話になることに決めました。もちろん作家の夢も捨てていませんでしたので、1~2年働いてお金を貯めたら東京に出るつもりでした。

ところがこの事務所の仕事が、私の性にあっていたのか、毎日が楽しく、次第に仕事にのめりこんでいったのです。

事務所には司法書士の先生と、他に事務員の女性が6人ほどいました。先生は毎日3時間かけて、新聞に目を通していました。そうやって毎日の情勢を見ていたのです。

私がハンコをもらうために、先生に書類を提出すると、

「はい、ハンコ。これで君の責任だからね。大まかな責任はボクが持つけど」

と言って、ハンコを押してくれました。高校卒業したての私に責任を持たせ

てくれるところも、嬉しかったです。

司法書士事務所とは、個人や企業からの依頼で法律の知識に基づいて、関連する書類の作成や手続きの代行をします。また、不動産登記や商業登記などの登記業務の代行も主なひとつの仕事になります。

当時はバブル期でしたので、不動産関連はとても羽振りがよく、アパレルブランドの社長がジュラルミンケースに多額の現金を入れて、事務所に決裁にいらした時には、とても興奮しました。

他にも、県内の大企業の社長や重役などにもお会いしました。普通の仕事についていたら会えない方ばかりで、とても刺激的でした。

また、事務所内では、遺産相続の場などに立ち合うこともありました。

ある時などは、不動産の相続でもめた兄弟が事務所で喧嘩になり、最後にはお金を投げつけあって、書類にサインをするという修羅場にも直面しました。

そういった人間模様を見ることに快感を覚え、小説なんかより現実のほうがずっと面白い！　と思うようになっていました。

しかも当時の社員旅行も今では考えられないほど豪勢！　香港や台湾、韓国などに連れて行ってもらったのはいい思い出です。

もちろんお給料も充実していて。ボーナスに至っては、封印がついたまま一束や一束半ということも……。そんな環境に十分満足してしまっていた私は、いつしか「東京に出て作家になろう」という思いが薄れていったのです。

そしてそのまま33年、その事務所に勤めることになるのです。

とても長い年月が経ってしまいましたが、私はそれについては後悔していませんでした。むしろその経験があったからこそ、50代からの激動の人生が始まることになるのですから。

結婚は打算!?
30年前の結婚事情

私はこれまで、仕事9割、恋愛1割というような生活をしてきました。

それでもご縁があって、夫と出会い、結婚し、最愛の息子にも恵まれ、家庭を持つことができたのは「奇跡だな」と思っています。

学生時代から、恋愛にのめりこむことなく、同級生たちが好きな男子の話をわいわい楽しそうにしているのを、静かに見守っているタイプでした。

それでも高校生の時は、4歳上の大学生とグループ交際をしていたこともありました。子供でしたので、みんなで映画に行ったり、ドライブを楽しんだりという付き合いでした。

その彼とは22歳頃まで付き合ったので、結婚の話も出ましたが、司法書士事務所の仕事にのめりこんでいた私は、結婚を現実的なものと考えられず、結局お別れしました。

20代後半になり、周りがどんどん結婚し始めると、両親も心配し始めました。「いい人いないの？」とプレッシャーをかけるようになったのです。田舎ですので、いつまでも未婚でいるというのも体裁が悪い時代でした。

そろそろ重い腰を上げなきゃなと思っていた頃、ちょうど友人の結婚式の二次会があり、そこで今の夫になる男性と出会ったのです。29歳になった年でした。

当時は、条件を重視して結婚する人が多い時代でした。

【高学歴、高身長、高収入】の男の人たちを「三高」なんて呼んでいました。女性たちはいかに、その三高を見つけるかに奔走していたと思います。

ちなみに今は【低姿勢、低依存、低リスク】の「三低」を希望する女性が多いとか。時代を反映していますね。

私は「三高」には、あまりこだわっていませんでした。それよりも重大なミッションがあったのです。それは「婿養子をもらって家を継ぐこと」でした。婿養子に来てもらうには、三高とは違う条件が必要となります。

その二次会で、たまたま私の隣に座っていた夫は、物静かで優しそうな人でした。私はどんな人なのかなと思い、話しかけました。

すると、県内のとある会社に勤めていて「次男」というではありませんか！しかも仕事先もそう悪くなく収入もありそう。何よりも、本人が婿に入ることに抵抗を持っていなかったのです！

これはラッキーと、まずは電話番号を交換し、付き合うことになりました。でもすぐに、結婚という運びにはなりませんでした。案の定、私が仕事にのめりこんでいたせいです。一年ほど付き合った頃、私を見かねた母親が「いつ結婚するの？　あの人いい人じゃない」とせっついてきました。

そうだよね、そろそろ決めないと。こんな好条件の人を逃したら、次がないかもしれないし……。

こうして私は、結婚を決めました。

当時の結婚は、だいたいこんな感じでした。ちょうど60代くらいの人たちは、こういう条件重視で結婚した人が多かったのではないでしょうか。

そのせいか、最近は熟年離婚が増えています。子育てが終わり、夫とあらためて向きあった時に、ふと現実を思い知らされて、決断する人が多いのだと思います。最近では「卒婚」という言葉も流行っていますね。

私も正直、息子が結婚して家を出て、夫と二人きりになったら、どうなるのだろうと思うこともありますが……。何でも自由にやらせてくれている夫には感謝しているので、もうしばらくは、結婚生活を楽しもうと思っています。

嘘でしょ⁉
もう人生半分、生きちゃった！

正直、30代から40代に入る頃が、一番ショックでした。

当時は「人生80年」の時代ですから、もう人生の半分も生きちゃったの⁉と正直気持ちも重くなりました。

ちょうど身体の衰えを感じ始める年代というのも、そのようにショックを受けたひとつだったのかもしれません。肌の張りや体力が20代の頃とは明らかに違うと認識し始めて……。

今思えば、そんなにたいしたことではなかったのですが、その時は「私はこのまま、中年になってしまうんだ」という恐怖も強く思っていたのです。

そこでふと「作家になりかたった夢」が、またむくむくと蘇りました。なんで私は静岡にいるの？　どうして東京じゃないの？　なんで思いとは別の人生を歩んでいるの？

そんなことが頭の中をぐるぐると巡りました。

だったらそこで奮起して、一歩踏み出せばいいのですが、子供はまだ小学生で手が掛かる時期。とてもじゃないけど、自分のことに時間を費やすことができません。「私の人生、この先どうなっちゃうんだろう」と悶々としていました。

そんな最中、ショックなことが起きました。父が71歳で亡くなったのです。

私が42歳の時でした。

具合が悪いと言うので、病院に連れて行ったところ、すでにステージ4の肺がんだったのです。転移も見られ、もう手の施しようもなく、余命2か月と宣告されました。まさに晴天の霹靂とはこのこと。本当に突然でした。

父はとても自由な人で、若い頃は駅伝の選手をしており、実業団で活躍していました。子供の私に「あいうえお」から文字を教えてくれ、文字に関心を持たせてくれました。

父との一番の思い出は、母親が怪我をして病院に行っている間、病院の前に広がっていたれんげ畑で遊んでもらったことです。今でもその情景が目の前に広がります。

それから、家族で夕飯を囲んで、色んな話をしました。父は私を子供扱いせず、社会情勢や政治の話もよくしてくれました。その中で一番印象に残っているのは、

「物事は脇から行くな、正面から行け！」という言葉でした。

それは、その後の私の生き方にとても影響を与え、真っすぐ、直球で生きることにこだわり、勝負の勝ち負けにもこだわる性格になりました。

ただ、人生は直球ばかりではいけない、たまにはカーブも大事だということを、社会に出てから知ることになるのですが……。

余命については、さすがに本人には言えませんでした。今はすぐに本人に告知して、一緒に病と闘いましょうという風潮ですが、当時は家族の同意なしでは告知はしませんでした。この時は母が、絶対伏せておきたいと強く希望したのです。

父は結局、本当の病名も知らぬまま、この世を去りました。最期は家で看取りましたが、なんとなく病名も余命も、悟っていたように見えました。

父を助けてあげられなかったことは、とても残念なことでした。私はなぜか、父の臨終間際まで、父は絶対死なないと思っていました。医療の発達もありましたし、何よりも、人はそう簡単に死ぬはずがないと思っていたのかもしれません。そして、世の中には願っても叶わないものがあるんだと思い知らされました。

こうして人生半分生き、子育ての終わりも見え、父の死も経験し、目まぐるしく時間が過ぎ去る中、50代の扉がもう目の前に迫っていました。

元気になるカウンセリング

1

どうしても娘に干渉してしまいます

PROBLEM ―相談―

60代の母親です。20代後半の同居している一人娘が心配で、すぐにあれこれ干渉してしまいます。最近は面倒くさがられているのか、あまり話もしてくれなくなりました。どうしたら上手に、親離れできるのでしょうか。

ADVICE ―アドバイス―

分かります！　一人娘さんなら、とても心配ですよね。あれこれ口を出したくなるもの良く分かります。でもここは、お母様がぐっと堪えて、まずは娘さんの好きにさせてあげましょう。

もちろん血を分けた子供ですが、所詮別の人間です。やりたいことも考え方も、自分と全く違います。自分の思い通りにならなくて当たり前なのです。

過剰な期待をしない！　これがポイントです。

20代後半であれば、自分で責任を持って何でもできます。もしそれが失敗してしまっても、それも人生。おそらく娘さんも、本当に困ったら、お母様に頼ってくるでしょう。その時に、愛情を持って手を差し伸べてあげればいいのです。

第2章

「激動」の50代の始まり

突然のヘッドハンティング!?

私は4月生まれなので、同級生の中でも、いつも年齢を重ねるのが一番早く、50代の扉も、一番乗りで開くことになりました。さすがに「50」の重みは、ずっしりと感じました。

息子はすでに大学生となり、子育ても一段落。自分に使える時間も以前よりは増えました。それでも仕事ばかりの毎日。勤続30年を超えた司法書士事務所では、すっかりベテラン事務員となっていました。時代の流れで、昔に比べてお給料は減ってしまっていましたが、仕事の楽しさはそのままでした。

40代になって感じていた「私の人生、この先どうなるんだろう」という思いは、常に頭の片隅にありました。

作家になりたい思い、何も行動が起こせない自分への後悔。でもやっぱり表現する仕事はしたい。そろそろ自分のやりたいことをやる時期なのでは……。

この頃から、転職を考えてみるのもいいかもしれない、と思うようになりました。そんな矢先、ヘッドハンティングされたのです。

書類を取るために、よく通っていた役所で、突然声をかけられました。

「ぜひ、うちの会社の社員で働いてみませんか?」

そう声をかけてきたのは、役所の窓口に職員を派遣していた、とある派遣会社の担当者の方でした。突然のことに私は驚きました。

「どうして私なんですか?」

と聞くと、窓口担当の方が推薦してくれたというのです。

「望月さんは不動産から商業、古い資料までよく知っている方で、とても信頼が置けるから、ぜひ声をかけたほうがいいと伺いまして……」

とその担当者は言いました。

たしかにその役所内には、顔見知りの方が何人もいて、窓口担当の方とも雑談程度ですが、お互いのことを話す機会はありました。でもまさか、それがヘッドハンティングにつながるとは……。

「こんなことって起きるんだ！」と正直、思いました。

そして、私がこれまでやってきたことは、間違っていなかったんだと、やけに嬉しくなりました。

そんな嬉しいお誘いでしたが、すぐに返事はしませんでした。

30年も働いていた事務所だったので、私が担っている仕事もたくさんありました。そう簡単に辞めるわけにもいきません。

それに本当にやりたいことは、派遣会社の社員ではない……、そんな葛藤も駆け巡っていたのです。

そのまま返答を先延ばし、気が付いたら1年が経っていました。

本当に申し訳なく思っていましたが、それでもその派遣会社の人は、何度も声をかけてくれ、気長に私の返事を待ってくれていました。

そして52歳になる頃、私は決意しました。

「よし、転職しよう！」

決め手は、こんなに熱心に声をかけてくれる人はもういないかもしれないという思いと、まずは新しい一歩を踏み出して、環境を変えてみることも必要なのではないかと思ったのです。環境を変えたら、別のチャンスが来るかもしれないと思って……。

こうして転職をし、派遣会社の社員となったのです。

司法書士事務所の方たちも、初めこそ驚いていましたが、最後は快く送り出してくれました。

「どこに行っても望月さんは活躍できるよ」と嬉しい言葉をいただいて、50代にして、新しい世界に飛び込むことになったのです！

人生、何が起こるか分からない！

「人生、何が起こるか分からない！　なんて面白いの！」

52歳で初めての転職をして、最初に思ったことです。

高校を卒業してすぐに就職をして、気が付けば33年。それなりに楽しい仕事でしたが、その先の未来を思いあぐねていたところに、思いもしないヘッドハンティングの話が舞い込み、新しい世界に飛び込むことになったわけですが、今考えると、本当にラッキーなことが重なったんだなと思います。

この転職は今から10年ほど前の話ですが、当時からすでに、50代の女性の転職、特に社員になることは、とても難しい状況だったと思います。

2021年に厚生労働省が発表した「雇用動向調査結果の概況」によると、50代女性の入職率は、次のような結果となっています。

【50代女性入職率】
50〜54歳　10・0%
55〜59歳　7・8%

ちなみに、30代前半で14・7%、40代前半で14・0%の入職率です。さらに、この入職率に占めるパートタイマーの割合は次のようになります。

【50代女性パートタイマー率】
50〜54歳　56・8%
55〜59歳　62・5%

実に、半数以上がパートタイマーで働いていることになります。

私はたまたま、長く勤めていたことで、キャリアを積むことができ、同じような業種の方に声をかけてもらえたので、うまく転職ができたわけですが、年齢を重ねると、いかに新しい仕事につくこと、社員になることが難しいのかと思い知らされます。同時に、ひとつの仕事をこつこつと極めるのも、大切なことなんだと実感しました。

新しい仕事は、派遣会社の社員という立場で、静岡の法務局の窓口で登記簿謄本などの書類の発行をするというものでした。

馴染みのない方もいるかもしれませんが、法務局とは、法務省の地方組織の一つとして、国民の財産や身分関係を保護する「登記」「戸籍」「国籍」「供託《きょうたく》」の民事行政事務、国の利害に関係のある訴訟活動を行う訟務事務、国民の基本的人権を守る人権擁護事務を行っている場所です。

それまでの仕事と通じている部分も多くあったので、さほど戸惑うこともなく、スムーズに仕事に就くことができました。

初めて窓口に座った時は、これまでとは逆の景色が見えて、とても不思議な感覚になりました。いつもなら、窓口の向こう側で、書類を受け取っていたのにと……。

新しい世界を見ることは、とても刺激的で、わくわくが止まりませんでした。

通勤ルートさえも新鮮で、見える景色まで新鮮に感じてしまいました。

33年ぶりの新入社員ということで、身も心も、まるで高校卒業時の19歳に戻ったような感覚で、本当に「思い切って転職してよかった！」と思いました。

50代で転職をしようか迷っている人には、ぜひ勇気をもって一歩を踏み出してほしい、と声を大にして言いたいですね。

そこには想像以上の喜びが、きっと待っているはずですから。

まさかの「人間関係」に惑わされる

希望に胸を膨らませ、楽しく新しい仕事にまい進していたのですが、まさかの「人間関係」に惑わされることになったのです。

私は、静岡地方法務局の藤枝出張所で勤務した後、本局へ配属となりました。

こういう役所の窓口は、派遣会社から派遣されたパートが担うことも多くあります。バックヤードでの登記簿謄本の発行などは、法務局の正職員が行っています。

この本局には、私が社員として入社した派遣会社から、20人ほどの女性がパートとして派遣されていました。

そこでなんと、私はいじめにあってしまうのです!

大人なのにいじめ? と思われるかもしれませんが、女性の多い職場だと、そういったことがよくあります。

いじめが起きる原因は、だいたいが「嫉妬」です。この時もそうでした。もちろん、全員がそんなことするわけではないですが。

その職場では、5年、10年と長く勤務している方が何人もいました。もちろん仕事はよくできるベテランたちです。

そんな中に、新参者の私が入ってきたのです。

しかも立場は、パートではなく「社員」。ベテラン勢からしたら面白くありません。しかも出勤初日に、ルイヴィトンのバックと傘を持って行ったのもよくありませんでした。そりゃ、格好のカモになりますね……。

いじめの内容は、私にだけお土産を渡さない、という古典的なものでした。

10人ずつ分かれて、昼食を取っていたのですが、その主犯格の人が旅行に行ったとかで、お土産を配り始めたのですが、私だけ飛ばしたのです。見ると、あからさまに9個しか用意していませんでした。

「わあ、こんなことするんだ」と驚くというより、笑ってしまいました。

むしろ、隣の席の人が気にしてしまって、かわいそうだからと、そのお土産を、半分分けてくれました。

ここで思ったのは「この人は、どうしてこんなことをするんだろう」ということでした。おそらくこういう人は、普段から満たされていないことが多いのだろうと思います。

されたことに対しては、もちろん不快でしたが、落ち込むというよりは、世の中には色んな価値観の人がいるんだな、こういうことも跳ね返して前に進まないとな！　とポジティブに捉えていました。

その後も私は気にせず仕事に行っていましたが、そのうち、周りの人たちのほうが、その状況に滅入ってしまっていました。これでは仕事に支障が出ると思い、一度上司に相談しました。

でもその上司は「〇〇さんは、（勤務歴が）長いから。望月さんが我慢してくれないかな」とつれないもの。正直がっかりしました。今ならあり得ないことですね。これは10年前の話ですので、今はこういうことはないとは思いますが……。

そういうわけで、こんなところに長くいても、精神衛生上よろしくないと、と思い、一年半で退職することにしました。

最終出勤日には、ブランドのタオルハンカチを、20人皆さんにお渡しして「お世話になりました。さようなら」と笑顔で出てきました。

本当にいい勉強になりましたね。でも自分にとって、有益ではない人は、自然に離れていくものです。いちいち気にしないのが一番です。

あと新参者は、ブランドのバックと傘は持って行ってはいけない、ということも、よく肝に銘じました……。

物事を「俯瞰」して
ポジティブに

退職後、私はすぐに次の行動を開始しました。

家族からは「少しゆっくりしたらいいのに」と言われましたが、家でじっとしていることほど、身体に悪いことはありません！

初めての転職は、思ったような結果にはなりませんでしたが、特に落ち込むことはありませんでした。むしろ次の新しいステップに進めるんだと前向きに捉えていました。

次の転職は、求人誌を見るところから始まりました。

前回は声をかけられての転職でしたし、最初の司法書士事務所の就職も紹介されての就職でしたので、自分で求人情報を見るということはなかったのです。

求人誌って意外と面白いと思いました。

小さいスペースの中に、その仕事の魅力を一生懸命伝えようと、色んな言葉が並んでいたからです。こういう文章を考える仕事も楽しそうだなと、ふと思ったほどでした。

その中で選んだのは、市役所の非常勤職員の仕事でした。

特に雇用形態にもこだわっていなかったので、家から近く、役所であれば、これまでの経験も生かせるかもしれないと、さっそく応募。そしてすんなり採用となりました。

人生、二度目の転職！　今度はどんな新しい世界が見られるのか、また、わくわくが止まりませんでした。

ただ前回のような、おかしな人間関係には巻き込まれたくないなと、やや緊張の面持ちで初出勤したところ（もちろんブランドのバックは持たずに）、そんな不安は一気に吹き飛びました。今度の職場はほのぼのとしていて、そんな人間関係で悩むような雰囲気は一切ゼロだったのです。

仕事内容は、市役所から市民への郵送物の封入作業、コピー、テプラ作業などが主でした。

職員の方が「今日はここまでやりましょう」と指示をしてくださり、数人のメンバーでそれをこなしていきます。

正直、簡単で単調な仕事でした。その日のノルマはあっという間に終わることもありました。もちろん残業はなく、定時ぴったりに帰れました。

やりがいという面では少し物足りなく感じていましたが、市民の皆さんのお役に立てていると思い、与えられたことは、とにかく楽しくやろうと心掛けました。だって気持ちひとつで、何でも楽しくなりますからね！

「どうしてそんなにポジティブなの？」

と言われることがよくあります。

その理由は、いつも物事を「俯瞰」しているからでしょうか。

イメージとしては、頭の上にもう一人の自分がいて、今、目の前で起きていることを眺めているという感じです。まるで幽体離脱みたいですね。

そうやって、物事を俯瞰していると、目の前で起きていることが、自分に直接起きたことではなく、どこか他人ごとみたいな気分になるのです。そうすると、どんなにつらいことや悲しいことも、そんなにダメージなく受け入れられます。

たとえ単調な仕事だとしても、どうしたらもっと人より効率的にできるのか、と俯瞰してみて、周りの人の作業も見比べながら、こうすればもっとよくなるんだと分析して、自分の作業に生かしました。

すぐにくよくよししたり、何かを気にしてしまう人は、まずは物事を俯瞰してください。そしてその状況を面白がってみる。そうするだけで、気持ちに余裕が出て、生きるのが楽になるはずです。

「推し活」は生きる力！

日々、仕事にまい進するには、やはりプライベートの充実、特に気持ちの充実が必要なのではないでしょうか。

皆さんに「推し」はいますか？

昔は、好きなアイドルやアーティストがいると「〇〇さんのファン」という言い方をしていましたが、令和の今は「私の推しは～」なんていう言い方をするようです。

若い世代は、その推しを追いかける活動を「推し活（おしかつ）」と呼んでいます。どんどん新しい言葉が生まれますね。

40代半ば～50代にかけて、私も「推し活」に勤しんだ時期がありました。その推しというのは、福山雅治さんです。50歳を過ぎても、そのカッコよさは健在ですね！　しかも年を重ねるほど、大人の色気が増して、さらに魅力的になっているように感じます。

でも私は福山さんの見た目から入ったわけではなく、その歌の良さに惹かれて推しになりました。

特に好きな曲は「18～eighteen～」や「群青」です。どちらもアルバム『残響』に収録されています。特に「18～eighteen～」は、福山さんの青春時代を歌っていて、歌詞が素敵で泣けるのです。

以前はライブにも足しげく通いました。

静岡県内はもちろん、名古屋、横浜のほうまで遠征したこともありました。チケットがなかなか取れなくて大変なこともありました。ファンクラブに入っていても、抽選に当たらないことも……。なんて人気なの！

福山さんといえば、やはりラジオですね。下ネタもあっけらかんと話してしまうのが魅力のひとつです。息子も福山さんのラジオを聞いて推しになったようで、一緒にライブに行ったこともありました。息子と共通の話題で盛り上がれたのも、とても楽しかった思い出のひとつです。

長唄三味線奏者の杵屋邦寿《きねやくにとし》さんも推しのひとりです。

松永鉄九郎さんと長唄三味線ライブ「伝の会」を結成し、現在はおひとりでライブ活動を行っています。他にも、舞台音楽の作曲・プラン・演奏も数多く手がけ、歌舞伎公演などでは舞台師などで活躍されています。

杵屋さんに惹かれた理由は、そのプロフィールでした。

古典をやっている方は、生まれた家がもともと古典の家だったり、芸大出身者だったりすることが多いですが、杵屋さんは、そういう道を歩んでいないのです。

18歳で三味線と出会い、師匠となる人から教えを請い、さらに独学で色んなことを学んで、今では全国に何百人とお弟子さんを持って、活動されています。芸に対してもとても真摯な方で、一度直接お話を聞く機会がありました。

その時に「頭の中には常に三味線の音色しかない」という言葉を聞いて、とても共感しました。

もちろん芸事から離れて、お酒を飲んだり、仲間と楽しく付き合ったりもするようですが、やっぱり一番楽しいのは「仕事なんだ」という考えが、とても素敵だったのです。

私はこういう、本筋とは違う、どこかアウトローな、異端児的な人に魅力を感じます。もがきながら何かを勝ち取って、独自の世界観を持っているような人に、ぞくぞくします。

やっぱり、何か好きなものに夢中になると、気分転換にもなりますし、何より気持ちが元気になって、盛り上がっていいですね。

皆さんにも、ぜひ「推し活」をお勧めします！

積極的に働いて「自分を磨く」

50代以降の女性たちには、ぜひ積極的に外で働いてほしいと思っています。

なぜなら私は、50代で初めて転職をし、あらためて働くことの楽しさを知りました。かゆいところに手が届くではありませんが、年を重ねたからこそ、細かいところにも気配りができ、丁寧に仕事ができるようになったからです。

カウンセリングをしていると、

「外で仕事をする自信がない」

「何をしていいか分からない」

というような相談をよく受けます。

たしかに子育てなどで一度家に入ってしまい、長いブランクがあると、「私、大丈夫かしら？」と思ってしまいますよね。

でも、そんな心配無用です！

まずは余計なことを考えずに、飛び込んでしまえばいいと思います。

世代を問わず、誰だって新しいことをするのは不安です。

「仕事が覚えられるかな？」

「他の人たちと仲良くなれるかな？」

などと心配にもなると思いますが、大丈夫です。

覚えることについては、時間が解決してくれると思うので、分からないことは都度、上司や同僚に聞いて、素直に仕事に向かえばいいと思います。今は、コンプライアンスもうるさいので、仕事ができないからと、むやみに怒られたり、嫌な顔をされたりすることも、そうないと思います。

他の人と仲良くなるには、自分に壁があると、相手もそれに反応して、意思疎通がうまくいかなくなってしまうので、自分から声をかけることを意識すればいいと思います。

私は、特に挨拶を自分からします。挨拶は仕事の基本でもありますからね。

まずは「おはようございます」「いってらっしゃい」「いってきます」を言うようにすれば、相手も自然と返してくれるはずです。それを続けていけば、相手との距離も、次第に縮むでしょう。

落語家の桂三枝さんのエピソードで、こんなものがありました。

三枝さんは母子家庭で育ち、とても貧しかったそうですが、お母様がこんな教えをしてくれたそうです。

「口はタダだよ。なんでもっと使わないの?」と。

挨拶をすることはお金がかからない、でも人間関係を良くしてくれて、ゆくゆくはお金にもつながり、とてもお得だと……。

私はこれを聞いて、とても感銘を受けました。それ以降、意識して挨拶や会話をするようにしています。

女性が積極的に働いてほしい理由に、他にはこんなこともあります。

ずばり「収入を得ることができる」ということです！

自分で自由にできるお金が増えれば「自分磨き」に使うことができます。自分のお金なら、誰に遠慮することもありません。

さらに、収入があるということは、自分の意思を持つことにもなります。

誰かに養ってもらっていると、なんとなく相手に対して引け目を感じてしまい、思ったことを口にできないことも多いでしょう。

対等な関係になれば、意見も言い合うこともでき、家庭円満も期待できます。

ただ女性の収入が安定しだすと、熟年離婚を加速させてしまう場合もありますので、その辺りは要注意ですね。

ぜひ自分で稼いだお金で、趣味やお洒落を楽しんで、輝く女性になってください！

一歩踏み出してみる「勇気」

50代から「趣味を持つ」ということも、ぜひお勧めしたいことのひとつです。共通の趣味を持った人との付き合いは、その後の人生に、さらに潤いをもたらすと思うからです。

私は小原流の生け花を40年以上続けています。40年も続けていると、教える立場にもなりますので、もはや趣味という領域は超えてしまっていますが。

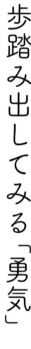

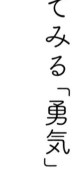

花を活けている時は没頭できるので、とても好きな時間です。不思議なことに、その没頭が気持ちをすっきりさせてくれます。

また、同じ花を活けても、そのバランスが少し変わるだけで、見える表情が全く違ってくるので、やってもやっても飽きないのが、生け花の魅力です。

私の教室には、50代になって、初めて生け花を習いに来る方も多くいます。

もともと興味があり、子育てが一段落してようやく始めてみたという方や、県や市で主催した華道展を見て、ふと自分もやってみたくなって来た方など、様々な理由でお稽古に通ってくださっています。

そういう方たちは「好きなことをやっている」ということもあり、とても充実されていて、いきいきされています。

その中でひとり、もうすぐ60代という方がいらっしゃいます。もともとテニスをされていて、生け花には全く無縁だったそうです。

でも一度やってみたい、という思いを持っていらして、思い切って飛び込んでみたら、生け花の「静」の部分に、どっぷりはまってしまったというのです。

これまで動いてばかりだったので、静かに集中してお花を活けられるのかな、と思っていたそうですが、やってみたら意外と簡単で、「私でもできるんだ」

と喜んでらっしゃいました。それから、日本の伝統文化に触れられたということもよかったようで、とても満足されていました。

趣味の世界でも、思い切って環境を変えてみると、見えない世界が見えることで、さらに自分自身が充実していくんだと思います。

もし趣味がなかなか見つからないという人は、まずは自分の興味があることを書き出してみるのがいいと思います。

きっとそこからヒントが生まれます。

パンが好きなら、パン教室へ行ってみよう、絵が好きなら、絵手紙教室へ行ってみよう、と気持ちが動いていきます。

知り合いのある男性は、もともと趣味が何もなかったそうですが、和菓子が好きだったので、会社を定年後、和菓子教室に通い始めたそうです。だんだん腕を上げて、今ではお饅頭に羊羹、練り切りまで作れるほどになったそう。しかも家族は、それを食べるのを楽しみにしてくれるので、さらにやる気になっているとか。家族を巻き込むのも楽しそうですね。

街を歩いていても、趣味になりそうなものはたくさんあります。

ジムがあれば、一度体験レッスンに申し込んでみてはどうでしょうか。

無料で体験できることも多いので、お得に中の様子も確認でき、トレーナーに話を聞けば、もしかしたら、「自分もやってみよう！」という気になるかもしれません。

知らない街をぶらぶらして、気になったカフェや喫茶店でランチを楽しむのもいいですね。しっかりウォーキングにもなりますし、十分趣味のひとつになります。

最近はスマホで、奇麗な写真が撮れますので、気になった風景を撮りためて「カメラ」を趣味にするのも面白いかもしれません。

ぜひ勇気をもって一歩踏み出して、自分らしい「趣味」を持ってみましょう。

その先にはきっと、やりがいという幸せが待っていますよ。

切っても切れない、家族の結びつき

気が付くと、50代も半分が過ぎていました。

いくつかの転職をし、色んな経験はしましたが、ありがたいことに仕事への情熱は消えず、楽しく仕事を続けていました。

その仕事を安心してできるのは、家族の存在が大きいなと、常々思います。

夫は私のすることに、何も干渉しません。自由に好きなことをしてください、というスタンスです。ありがたいですね。中には、外に出歩く妻をあまりよく思っていない男性も、いまだにいるようですから。ここは、夫を選んでよかったなと思うところです。

うちは代々続く家で、私で6代目になり、その昔は祖父母も一緒に住んでいました。もともと、何でも言い合える家族で、息子も中学、高校時代は、学校のことや友達のこと、好きな女の子のことまで、色んな話をしてくれていました。当時のママ友からは、

「なんで望月さんのところは息子さんと、そんなに仲がいいの?」

と言われたこともありました。

昔からママ友の相談を受けていましたが、その相談で一番多かったのは「家族の関係」でした。

「夫と上手くいかない」「息子や娘が言うことを聞いてくれない」など……。

夫婦はしょせん赤の他人ですから、全て受け入れることは難しいかもしれません。また子供さんは、自分とは血がつながっていても、別の人間ですから、性格が合わないということもまれにあります。

でも家族ですから、一緒に過ごさなくてはなりません。

色んな家庭事情はあるとは思いますが、一つアドバイスするとすれば、「家族は隠し事をせず、何でも話したほうがいい」
ということです。会話がないから、行き違いが生まれ、ぎくしゃくしていくのです。

そうはいっても、なかなか難しいですよね。結婚生活が長くなればなるほど、妻の気持ちは夫から離れていくという……。もちろん逆もあるとは思いますが。ちょうど私たちの世代は、前述した通り、バブル期に20代、30代を過ごしていたので、結婚も条件でしてしまった人が多い時代でした。

そのつけが今になって出てきていて、子育てが一段落し、夫と二人きりになった時に「あれ、私この人、好きじゃなかったかも」と思ってしまう女性がいるのです。

ご多分に漏れず、私も「卒婚」してもいいかなと思う瞬間はありましたが、息子のことを考えると、現実的ではありませんでした。

最近では「離婚式」というものが、あるそうです。

結婚式みたいに、親族や友人呼んで、離婚に至った理由を報告し、再出発の決意を誓い合う、前向きなセレモニーだそうで、これまで700組もの夫婦がこの式を行ったそうです。

離婚する夫婦を「新郎」「新婦」ならぬ、「旧郎」「旧婦」と呼び、最後の共同作業として、指輪の交換ではなく、結婚指輪をハンマーで破壊する儀式をするとか。

だいたいは、納得して離婚式に臨むので、そのまま離婚する夫婦が多いそうですが、中には、どうしても指輪を破壊できずに、離婚を思いとどまった夫婦もいるそうです。

離婚して自由になるのも、もちろんその人の考えなので、尊重したいと思いますが、家族の結びつきがあるからこそ、がんばれるという現実もあるなと、50を超えて感じます。

元気になるカウンセリング
2
夫が田舎に移住したいと言います

PROBLEM ― 相談 ―

結婚35年の主婦です。夫が定年後「田舎に移住したい」と言い始めました。

もともと田舎暮らしに憧れていたようです。私が難色を示したところ「だったら別居でいい」というのです。夫は頑固なところがあり、今から説得は難しそうです。ただ離婚をする気はないようです。このまま離れて暮らしてしまってもいいのでしょうか。

ADVICE ― アドバイス ―

なるほど。もし私が夫から、別居してでも移住したい、と言われたら「どうぞご自由に」と言ってしまいそうです。

できればご夫婦一緒に行くことが望ましいとは思いますが、もし説得が難しいのであれば、一度ご主人の好きにしてもらったらどうでしょうか。

長年連れ添ってきたんですから、それぞれの時間を持つのもありです。

少し距離を置くことはむしろいいことです。お互いの良さも再認識するでしょうし、新鮮な気持ちで一緒にいられるようになると思います。

離れてしまうのが寂しいのであれば、自宅と田舎を行ったり来たりするような生活もいいですね。きっと楽しいですよ！

第3章

私の
ジレンマと
母の介護

突然やってくる「親の介護」

「親はいつまでも元気でいるもの」と思いがちです。

私はずっと同居で、両親が徐々に年齢を重ねる姿を間近で見ていましたので、さほどそのギャップを感じたことはありませんでしたが、親元を離れている人が、たまに帰省した時に親を見て「いつのまにこんなに老けたんだ」とショックを受けた、という話をよく耳にします。

たしかに、子が50代であれば、親世代は70〜80代の後期高齢者。いつ介護問題に直面してもおかしくない年代です。いざという時のために、介護を受ける本人もその家族も、ある程度の覚悟を持っておく必要があります。

日本には介護保険制度がありますね。そのサービスを受けるには、基本65歳以上で、要支援・要介護認定を受けた人になります。

内閣府の「令和4年版高齢社会白書」をみると、要介護又は要支援の認定を受けた人は、令和元年度で655・8万人となっています。10年前の平成21年と比べると、186・2万人も増加しています。

その中で65〜74歳と75歳以上、それぞれ「要支援、要介護の認定を受けた人の割合」は次のようになります。

【要支援、要介護の認定を受けた人の割合】

65〜74歳　要支援　1・4%　要介護2・9%

75歳以上　要支援　8・8%　要介護23・1%

75歳を超えると、その割合がぐんと増えることが分かります。

「介護者」についてみると、同居している人が54・4%となり、その詳細を見ていくと次のようになります。

【続柄の主な内訳】

配偶者23・8%　子20・7%　子の配偶者7・5%

【介護者の性別】

男性35・0%　女性65・0%

「主な介護者の年齢」を見ると、男性の72・4%、女性の73・8%が「60歳以上」となっており、いわゆる「老老介護」のケースが相当数、存在していることが分かります。

私の母も、本格的な介護を受ける頃には、90歳目前でした。

第3章

私のジレンマと母の介護

もともと元気な人でしたが、やはり年齢には逆らえず、少しずつ体力も落ち、初めは要介護1の認定を受けていました。

この頃はまだ、自分で歩いたりもできていたので、常に介護が必要というほどではありませんでしたので、私も外に仕事に出ていられました。

それからしばらくして、転んで足を骨折してしまったのです。

高齢者が要介護になるきっかけは、「認知症」「脳血管疾患（脳卒中）」「骨折・転倒」の3つが主な原因と言われています。

案の定、母もその骨折がきっかけで、要介護3となり、一人でできることが急激に減り、介助が必要となりました。

当然、母を見るのは私になります。私は仕事を辞めて、介護に専念することになりました。ちょうど55歳になる頃でした。

こうして私にも突然、親の介護が降りかかってきたのです。

避けては通れない「母との確執」

皆さんは、お母様のことは好きですか？

そう聞けば、だいたいの人は「好き」と答えるのではないでしょうか。

実は私は、母がとても苦手でした。なぜそうなってしまったのか。ここで少し、私と母との関係をお話ししたいと思います。

母は私にとって、とても厳しい存在でした。昭和初期の生まれで、実兄を戦争で亡くし、家を守るために婿養子をとり、私を生んで育てました。

なので、一人っ子だった私にも、ゆくゆくは母と同じように婿養子をとって、家を継ぐんだということを、幼い頃から聞かされていました。

母はとにかく、私のやりたいことを否定する人でした。

初めに大きくぶつかったのは、高校受験の時。どうしても共学の高校に行きたかった私に、女子校に行くことを強く勧めました。何度も説得しましたが、母の気持ちを変えさせることができず、女子校に行きました。

そして高校卒業後は、作家になるために東京の4大に行きたいと告げましたが、それももちろん「NO」。しかも、

「女が作家になんか、なれるわけない、そんな夢みたいなことをいうな」

と叱られたのです。

母の理想は、地元の短大に行って、保育士や看護師になり、早々に結婚して子供を産んでほしい、ということでした。

そう勝手に人生を決められると、反抗したくもなります。結果、私は短大に行かずに、就職することを選びました。

私のやりたいこと、夢までも否定する母を、正直、憎んだこともありました。

なぜ私だけ、こんなに我慢をしないといけないのか……。

周りの友達の話を聞くと、「お母さんは好き」という子ばかりで、私のように憎しみを持っている人はいませんでした。私は何か悪いことをしているような気分でいました。

その頃流行っていた、山口百恵さんの「秋桜」は、一番嫌いな歌でした。娘が嫁に行く時の、母親への感謝の思いを綴った歌詞に「そんな親子関係、あるわけない！　絶対あれは嘘っぱち！」と思っていたのです。

そして、父が亡くなった時も「ああ、母を残していってしまった。私はあとどれくらい母と人生を共にしないといけないんだろう」と思っていました。

そんな確執を抱きながら、同居して暮らしてきましたが、とうとう、介護する日がやってきたのです。

気持ちは「なんで私が見ないといけないの？　あんなに色々私のことを邪魔したのに……」という思いでした。そんなに嫌なら、施設にでも入れてしまえばよかったのですが、私はそれができませんでした。

母が父や祖父母を世話したように、家で母を見なくてはと思ったのです。そこはやはり、親子なんだなと思いました。

私のポジティブさ、何があってもめげない気持ちは、この母への思いも強く影響しています。絶対母には負けたくない、自分の道を自由に生きてやるんだ！という反骨心です。

母への憎しみは、母が亡くなる直前まで持ち続けました。

そして、母がいなくなって6年。

私も60代を過ぎ、今になって、母の気持ちも少しずつ分かるようになりました。

母なりに、大事な家を、私を一生懸命守ろうとしていたんだなと思うのです。

「在宅介護」と「在宅仕事」の現実

在宅での介護は、思った以上に大変でした。

朝昼晩の食事づくりに、食事の介助、トイレやお風呂の世話……。

特に、昼間は夫も息子もいませんので、母と二人きり。認知は思いのほかあまりなく、意思表示はしっかりしていましたが、介護するということが毎日続くと、ポジティブが売りの私も、気が滅入ってしまいそうなこともありました。

きっと、こういう思いをしながら、介護されている方はたくさんいらっしゃると思います。

厚生労働省の調べでは、要介護3以上の介護者が直面する悩みとして、

「認知症への対応」「外出の付き添い、送迎など」「夜間の排泄」について特に不安が大きいと結果が出ています。これを見て、私もまさにそうだと思いました。

介護中も、本当は外で仕事がしたかった私としては、少しでも気晴らしになればと、在宅で何か仕事ができないかと考えるようになりました。

2020年のコロナ禍以降、職種によりますが「リモートワーク」が急速に浸透しました。それまで働く人たちは、雨が降ろうが槍が降ろうが、なんとか会社にたどりつこうと最大限、努力していました。

大雪や台風などで電車が止まった際、駅の改札やタクシーに長い行列を作っている様子がテレビで報道されるのを見るたびに、日本人は本当に真面目だなと思っていました。

でも今は、天候などで電車が乱れそうな時は、事前にリモートワークに振り替えたりできるようになり、柔軟な社会へと変わりました。これは本当に、画期的なことだと思います。

私が介護していた頃は2017年～18年でした。この時代に、今みたいなリモートワークがあれば、もっと在宅で仕事がしやすかったかもしれません。

当時、いろいろ求人を探して、見つけた一つに、大手の結婚相談所の代理店という仕事がありました。

いわゆる仲人業です。以前は近所の世話好きなおばさんが、見合い写真を持って年頃の男女の家を訪ねて、見合いをセッティングしていました。

今は結婚相談所という形となり、相談所に登録した人たちのプロフィールをデータ化し、条件を入力すれば、パソコン内で相性がいい二人をマッチングできるようになりました。そして世話した二人が成婚してくれたら、成婚料がもらえるという仕事ができたのです。

私はその結婚相談所のフランチャイズに挑戦してみようと思い、新宿まで説明会を聞きに行きました。似たような世代の女性たちがたくさん来ていました。

初めは私にもやれそうと思っていましたが、その説明内容に何か違うなという思いに駆られ、結局その仕事は断念しました。

その後も、色々仕事を探してみましたが、ちょうどいいものは見つかりませんでした。在宅介護をしながら、在宅で仕事をするのは本当にハードルが高いんだなと実感したのです。

私はまだ、持ち家で夫もいたので、無理して働かなくてもいい状況でしたが、介護者自体が働かないといけない場合も往々にしてあります。もし遠方に住んでいたら、会社を辞めて実家に戻るということもあるでしょう。そうなると人生プランが狂ってしまいます。

介護休業なども制度としてありますが、まだまだ取得率は低いと聞きます。そういう制度を遠慮なく取りながら、介護と仕事の両立がストレスなくできる社会に、一日でも早くなってほしいと思います。

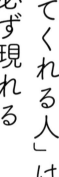

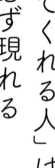

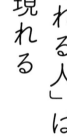

「助けてくれる人」は必ず現れる

介護をしていると、とかく孤立しがちです。

気持ち的に追い詰められていくと、疑心暗鬼になり、よくないことばかり考えてしまいます。そういう時こそ、思い切って誰かに頼ることも必要です。

私は性格的に、人に頼るということが苦手でした。

誰にも負けたくないという思いもあったので、母の介護についても、初めは行政すら頼らず、ひとりで対応していました。

ある時、トイレのリフォームをすることになりました。

それまでのトイレでは、狭くて介護がしにくかったため、手すりもつけて、使いやすいトイレにしようとしたのです。

訪問してくれたリフォーム業者の人がたまたま、以前仕事でお世話になっていた人でした。うちの現状を見て、

「どうしてもっと行政を頼らないの？」

と言ってきたのです。

「え、どういうことですか？」

と聞き返したところ、その方は色々親切に教えてくれました。

恥ずかしながら、その時初めて「デイサービス」などという言葉を知りました。以前父の介護をした時は、病気からの介護だったので、デイサービスなどを利用することはありませんでした。

私は慌てて、調べ始めました。すると便利な介護サービスがたくさんあることを知りました。何も知らないというのは損をすると痛感しました。

このリフォーム業者の方には、本当に感謝です。

行政に連絡を取ったことで、ケアマネージャーが入ってくれることになり、そこから劇的に私の負担が少なくなりました。

私より10歳ほど上の、女性のケアマネージャーだったのですが、とにかく対応がスピーディーで、私が困っていると、何も言わなくてもすぐに察知してくれて、次に何をしたらいいか教えてくださいました。

ケアマネージャーのありがたみを本当に実感しました。

他にも、母のかかりつけの病院の先生も頼りになる存在でした。常に気にかけてくださり、「困ったことがあれば何でも言ってくださいね」と言われたのがとても心強かったです。

こういった専門職の方意外にも、助けられた存在がありました。

それは、同じようにご両親の介護をしていた古い友人です。

その友人は、だいぶ前から介護をしていて、すでに在宅介護の良さも悪さも、全て知っており、私が母の介護をしているという話をしたところ、色々相談に乗ってくれました。

介護は家族ですべきだと思いますが、私の家の場合は、夫や息子が手伝うことを、母はあまり好んでいませんでした。やはり女性と男性というところがあったのでしょう。そのため、夫も深いところまで介護に関わることは難しく、私も積極的に何か相談することができませんでした。

この友人がいてくれたおかげで、色んなことをため込まずに済みました。持つべきものは、やはり友ですね。

介護に限らず、何か困ったことやつらいことがある時には、相談できる相手を持つというのは、とても大事だと思います。

たまに「私のことを、誰も分かってくれる人がいないんです」というような相談を受けることがありますが、そんなことはありません。

必ず、誰かが救いに来てくれますので、気持ちを強く持って、出会いを大切にし、負けずにその状況を打破してください。

孤独にならないために、使えるものは全て使え！

私はリフォーム業者さんのアドバイスで、行政の介護サービスを頼るということを知りました。もしそれがなかったら、もっと大変な思いをしていたと思います。

それからは、自分で色々調べ始めました。本当に知らないことばかりでしたが、そのうち自分にとって必要なものはどれなのか、自分で判断できるようになりました。

ここで思ったことは「孤独にならないために、使えるものは全て使え！」ということでした。

行政のサービスもそうですが、民間の保険会社が提供する「介護保険」があるということも、のちのち知ることになりました。

何も知らないと、本当に損をします。

有益な情報を得た人が勝ちだと思いますので、ぜひ皆さんも、色んなアンテナを立ててほしいなと思います。

厚生労働省のホームページには、介護サービスについて詳しく書かれています。あまり行政のホームページなどを見る機会はないとは思いますが、手が空いている時に、ぜひ一度確認されるといいですね。

ちなみに、介護サービスを受けるためには、まず次のような流れになります。

○お住まいの市区町村の窓口で要介護認定（要支援認定を含む）の申請が必要です。申請後は市区町村の職員などから訪問を受け、聞き取り調査（認定調査）が行われます。

○市区町村からの依頼により、かかりつけのお医者さんが心身の状況について意見書（主治医意見書）を作成します。
○その後、認定調査結果や主治医意見書に基づく、コンピュータによる一次判定及び、一次判定結果や主治医意見書に基づく介護認定審査会による二次判定を経て、市区町村が要介護度を決定します。

（厚生労働省ホームページより）

意外と手順がありますので、介護が始まったらすぐに行動を起こすほうがいいですね。また民間の「介護保険」についても、頭の片隅置いておくと、いいかもしれません。

介護保険と聞くと、誰もが加入を義務づけられている公的な介護保険をイメージされる人が多いと思います。これは、要支援状態や要介護状態になると、介護サービスを安い料金で受けられというものです。保険金などの現金給付はありません。

一方で、民間が提供する介護保険は、生命保険会社から販売されている介護保険のことになります。加入は任意で、生命保険会社の求める条件をクリアできれば契約可能です。

公的介護保険との大きな違いは、現金で給付されることです。要介護状態になると、一括もしくは年金で介護保険金を受け取れます。

私も最近になって、この違いを知りました。

やはり現金支給というのは、大きいですね。家のリフォーム代も馬鹿になりません。もし介護施設に入れるということになれば、それなりにお金は必要になってきますので、備えあれば憂いなしということでしょうか。

介護に限らず、アンテナを立てていれば、きっと自分に得になることもたくさん知れるでしょう。使えるものは全て使って、楽しく生きられたら嬉しいですね。

最期に手をつなぐ
～母との和解

母の介護は、結局一年ほど続きました。

最期はデイサービスに行っている間に、急に意識が朦朧として、病院に緊急搬送されました。朝出かける時は元気だったので、連絡を受けた時はとても驚きました。

その後一週間ほど入院し、亡くなりました。享年91歳でした。

介護中、これまでの母との関係があったので、素直になれないこともたくさんありました。

まず、母の手が握れなかったのです。

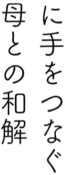

どうしても物理的に支えないといけない時は、服の上から腕をつかんだり、腰を支えたりしていました。

それを見たケアマネージャーが驚いて「どうして、手を握ってあげないの？」と言うので、私は「どうしても握れないんです」と言いました。

そして思い切って、これまでの母との関係を話しました。するとケアマネージャーは、

「それはつらかったわね。無理することはないわ。自分のできることをしてあげればそれで十分よ」

と優しく言ってくださり、気持ちが楽になりました。

亡くなる半年くらい前でしょうか。こんなことがありました。

家でお風呂に入れている時に、母から急に、

「ありがとう、ごめんね」

と言われたのです。もちろん、今までそんなことは一度も言われたことはな

く「え、なに？」と思うと同時に、なんだか泣けてきました。

母はどういう意味で、そんな言葉を口にしたのか。

手を煩わせていることに対しての思いだったのかもしれませんが、私は、

「長い人生、これまでありがとう」

という意味に捉えました。

それを後日、ケアマネージャーに伝えたところ、介護されている人から「ありがとう」と言われたら、だいたい半年ほどで亡くなることが多いのよ、と聞いたのです。

「そんなことあるの？」と半信半疑でしたが、本当にその言葉から、半年後に母は亡くなりました。きっと何かを感じ取っていたのかもしれません。

家にいる時は一度も手を握れなかったのに、最後の入院中に一度だけ、こわごわ手を握りました。すっかりおばあさんになってしまった母の手。むくんではいましたが、そのぬくもりを感じて、これまでのことを全て許せたような気

がしました。

納棺時にも、ずっと手を握っていました。これで最後だという気持ちで……。今ではもう、母への憎しみの気持ちはありません。亡くなる直前になってしまいましたが、母と和解できてよかったと思います。

もし、それができないまま別れていたら、きっと今でも、悶々として、遺影を見ることすらできなかったと思います。

今は遺影に向かって「いってきます」と「ただいま」が言えますし、山口百恵さんの「秋桜」も最後まで聞けるようになりました。

母を介護する時間は、私にとって「なくてはならない時間」だったんだと、今になって強く思います。

もし今、ご両親や近しい人にわだかまりがある人は、ぜひ早めに解決する行動をとってほしいなと思います。会えなくなってからでは、後悔だけが残るでしょうから。

ようやく訪れた「自由な時間」と「空虚」

母の葬儀も終わり、色んな手続きを終え、ようやくこれで、自分の時間ができると思っていたら、なぜか心にぽっかり穴が開いた気持ちになりました。

それまで気を張って介護に携わっていたというのもありますが、いつもいるところに母がいないという現実が、急に寂しくなったのです。

何もすることがないので、余計やる気も出ず、朝、夫と息子を送り出した後は、ぼんやりテレビを見て過ごすことが増えました。

ひどい時は、一日3回、NHKの朝ドラを見ていました。

朝7時半からBSで見て、次に8時から地上波で見て、そして12時45分からの再放送を見るという……。

もう少し人間らしいことをしなくてはと、買ったまま積み上げられていた小説を開いてみましたが、なかなか内容が頭に入ってこず、だったら、次の仕事先を決めようと求人誌を見ますが、これもぜんぜん頭に入ってこない。自分でもどうしていいかわからない状況でした。

さすがに夫も息子も心配して、休みの日はできるだけ外に連れ出してくれました。

「もし身近な人を亡くしてしまったら、どうしたらいいですか？」と相談を受けることもありますが、答えが難しいですね。

その失くした相手との関係にもよりますし、一概にこうしたらいいとはいえないです。私もただただ、時間を過ぎるのを待っていたという感じでした。

ただ、悲しみやつらさはため込まず、外に出したほうがいいとは思いました。

家族でも友達でも、話せる相手に気持ちを吐き出すだけで、気分が少しは楽になるはずですから。

ある時ふと、母の物を片付けようと思い立ち、母のタンスを開けました。

すると、母の洋服がたくさん出てきました。昭和30年代前後に流行ったモダンなワンピースやツーピースなどです。それらは全て、母が自分で作ったものでした。母は洋裁を生業にしていたのです。

さらに、タンスの下からは、使ってない生地がいくつも出てきました。母は、布を巻きで買っていたので、数メートルずつ余っていました。

それから、子供服のドレメの型紙まで出てきたのです。

おそらくそれらは、私のために買ってあったものだと思います。あらためて、私は母に大事にされていたんだなと思ったら、思わず涙が出ました。それまで一度も泣かなかったのに……。

父が亡くなった時は、数日間、風呂場で泣いてばかりいたのに、母が亡くなった後は、気が張り詰め過ぎて、なんだか泣けなかったのです。

そして、見覚えがある茶色の毛糸が出てきました。

それは中学の頃、好きな男の子のために編んだマフラーの残りでした。バレンタインのチョコレートと一緒に、手編みのマフラーをプレゼントしたのですが、実は、ほぼ母に編んでもらっていたのです。

茶色にした理由は、その男の子が好きな色だったからです。茶色一色で編んでくれたらそれでよかったのに、母は白のラインを一本入れてくれました。

そういうところは手を抜かないというか、ひとつ工夫をする母だったことを思い出し、また泣きそうになりました。

感傷に浸り、片付けもままならないまま、ぼんやりとしていたら、母の声が聞こえたような気がしました。

「あなた、いつまでそんなことしてるの？」

それはいつもの厳しい母の声でした。たしかにそうだ。いつまでも立ち上がらないのは私らしくないと、その日を境に、ポジティブな私に戻ったのです。

昔のご縁が、新たなチャンスに！

いざエンジンがかかったら、猪突猛進で進むのが私です。

「明日、ハローワーク行ってくるね」

と明るく言う私に、夫や息子も目を丸くしていました。さっきまで、暗い顔をして、やる気がない状況だったのに。私の変貌を見て、息子は言いました。

「さすがお母さんだね」

と。私は思わず、

「だって、いつまでもじっとしてられないでしょ」

と笑って言いました。

翌日、ハローワークに向かいました。

早速窓口で、これまでの経歴やこれからどんな仕事に就きたいか、などを話していたら、担当の方が、

「そういえば、さっきこんな求人出たんですが……」

と求人票を出してきました。

それは、ある建築会社の社員の募集でした。ちょうど前任の65歳の女性が定年退職となり、その後任を探しているというのです。

そこに記載されている名前を見てびっくりしました。それは、司法書士事務所にいた頃、面識があった信用金庫の支店長代理、Cさんの名前だったのです。

しかもついさっきまで、ハローワークにいたとか……。

なんて偶然！　私は思わず興奮してしまいました。

Cさんはすでに銀行を辞め、お兄さんが社長だった建築会社を引き継いだとのことで、人事担当でもあったのです。

私はご縁を感じ、迷わず「この仕事に応募したいです」と言いました。

担当者の方も「きっとこれはご縁ですね」とすぐに手続きを進めてくれました。

すると数日後に、Cさんから直々に連絡がきたのです。

「面接をしたいから、会社に来てください」

Cさんも、私のことを覚えていてくれたようでした。

会社に行くと、Cさんは笑顔で出迎えてくれました。私の仕事ぶりはすでに知っていただいていたので、面接もほどほどに、

「ぜひうちに来てください」

とありがたい言葉をいただき、採用となったのです。

ちょうど57歳になった頃でした。

まさか、次の仕事がこんなにとんとん拍子に決まるとは思いませんでした。

そして昔のご縁が、こんなチャンスを運んできてくれるとは！　ととても嬉しくなりました。

その建築会社は40年以上続く、地元では有名な会社でした。建築、修理、不動産部門などに分かれており、私は不動産部門に配属になりました。

私が担当する仕事は、土地や建物を売る、営業職です。

「え、私が営業をやるの⁉」

とこれまたびっくりしました。

今度はさすがに、これまでの経験は生きてこなさそうだと思いましたが、話を聞いていくと、土地や家という大きなものを売ることにはなりますが、基本はお客様との対話と信頼が大切になる仕事なんだと気が付きました。

おしゃべりなら誰にも負けません！

私の負けん気もさく裂し、物おじせず、その仕事にまい進することになるのです。

元気になるカウンセリング

3

昔の友達といるのがつまらないです

PROBLEM ―相談―

60代の女性です。趣味が高じて、自分で作ったアクセサリーなどをネット販売しています。今は仕事が生きがいです。ただ最近、高校時代の友達と会うのがつまらなく感じてしまいます。孫のことや夫の愚痴ばかりで話題が合いません。だからといって、今更、縁を切るのもどうかなと思っています。どのように付き合えばいいのでしょうか。

ADVICE ―アドバイス―

よく分かります！　その世代だと仕事をしている人も少ないでしょうから、家のことばかり気になって、話題がどうしても孫や夫の愚痴になりがちですね。

私も昔の友人に会うのが、正直面倒臭いこともあります。会えば懐かしくていいのですが、昔話に花が咲きすぎるのが困ります。

過去を振り返るよりも、これからの話をしようよと思ってしまうのです。

でも長年の友達ですから、関係を断つことはしなくていいと思います。友達はいつかあなたを助けてくれます。

例えば、自分に余裕がある時に会うとか、少人数で会うとか。自分が主導権を取れる形で会うようにしたらどうでしょうか。そうしたらストレスもだいぶ減るかと思います。

第4章

50代の
出会いは
人生を変える

「営業」がまさかの天職だった⁉

いよいよ「営業マン」としての仕事が始まりました。

土地や家を売るのが、主な仕事です。価格帯でいえば、何千万～何億という単位です。扱う金額に初めは驚いていましたが、人間慣れるものですね。そのうち、5000万、8000万という数字を見ても、なんとも感じないようになりました。

性格にもよるかもしれませんが、女性だとどうしても営業関係の仕事は苦手という人も多いです。自ら売り込みに行かなくてはいけないですし、断られたりすると、嫌な思いをすることも多いですからね。

でも私は、その辺はへっちゃらでした。

断られたら「さあ次！」とすぐに気持ちを切り替えられましたし、この方とはご縁がなかったんだと思うようにしていました。

お給料は固定給＋歩合制でした。

売った分だけ、お給料にも反映します。その代わり、毎月売り上げがないと歩合がのりませんでした。

例えば、4月に3000万売って、5月にゼロだったりすると、5月には歩合はのりません。だから毎月500万でもいいから、売り上げを上げることが大事な仕事でした。

枷《かせ》があればあるほど、やる気が出る私ですから、

「だったら、毎月売り上げをだしてやろう！」

と、さらに気持ちに火が付きました。

初めは手探りでしたが、次第に結果が伴うようになりました。

一番心がけたことは「お客様との会話を大切にすること」でした。

土地や建物を購入しようとする方は、年配の方が多いです。お話好きな方もたくさんいらっしゃいます。もちろん人によって、興味があることが違いますから、できるだけアンテナを高くして、色んなジャンルに関心を持ち、その方に合う話題をチョイスして、会話をするようにしました。

巷で流行っているようなものから、社会情勢、政治経済、株についても勉強して、話題を振るようにしていました。

お客さんも共通の話題があれば、気持ちがほぐれてきて、物件のことについても、あれこれ質問してくださるようになります。

こんな風に、お客様第一の気持ちでがんばっていたら、そのうち私を指名してくださるお客様も増えてきました。

ある時、事務所に訪ねてきてくれたお客様が、私がいないと知ると、

「望月さんがいる時に、また来るね」

と言って帰られたと聞いて、「ああ、私のお客様なんだな」と実感したことがありました。

小さい会社だったので、不動産部門は専務と私の二人でした。嫌でも営業成績を指摘されます。これがまたプレッシャーなのですが、やる気にもつながりました。そのうち、専務よりいい成績をとることも増えていきました。

形として売れた達成感。そして、私が勧めたものを買ってもらえたという充実感、お客様との間に生まれる信頼感……。

どれをとっても、こんなにやりがいがある仕事はない、もしかしてこの不動産の営業が私の天職なのかも、と思うようになりました。

その後、社内で売れ残っていた物件は売り尽くし、社内での信頼も上がり、皆さんから頼られる存在となっていきました。

「本音で話す」のが成功の道

すっかり物件を売るコツを見つけた私は、それからもペースを落とさず営業成績を上げていました。

それを見ていた同僚たちが、

「何千万もする物件を、どうしてそんなにいくつも売れるの？」

と目を丸くして聞いてきたことがありました。私は、

「おそらく、お客様と本音で向き合っていたからだと思うよ」と返しました。

扱っていた物件は中古も多かったので、当然ダメージもあって、良い面ばかりではありません。私はあえて、それを隠さず、本音も加えて説明していたの

です。例えば、

「実はこの家は、千分の一、傾いています。でも日当たりもよく、買い物も便利なので、この金額なんです。気が進まなかったら、もちろん買わなくても大丈夫ですが、よかったら内見してみませんか？」

と言うと、お客様は、

「へえ、そんな風に正直に言うんだねえ」

と、逆に面白がってくれて、内見をしてもらえることが多くありました。

中にはいいところばかり強調して、物件を売ろうとする人もいますが、私は、それには罪悪感をもっていたので、できるだけ何でもはっきり伝えるようにしていたのです。

そうしているうちに、一人二人とお客様が付いてくれるようになりました。

あるお客様は、一軒目を買ってくれた後、うちの物件で気に入った物があったと言って、半年後くらいにまたもう一軒買ってくれました。その間、ご自身の家を売りながら、8～9か月後くらいにもう一軒買ってくれたという方がいました。いずれも私を担当として指名しての購入でした。

こういうリピーター的なお客様が増えていくことで、社内では「お爺さんキラー」と言われることもありましたが、私は笑って聞き流しました。

だって、やましいことはありませんから！

お客様と食事に行ったり、何か差し上げたりするようなことは一切していません。その時の会話を楽しみ、本音で話し、信頼関係を作って、物件を売っていただけです。

本音で話すことは、仕事以外でも大切なことだと思います。

友達関係などでも、本音で付き合わないと楽しくないですね。隠し事をされると、なんだかぎこちなくなりますし。何か私が悪いことをした？　というらぬことを考えます。

中高時代からつながっている友達とも、今でも本音で何でも話しています。

だから今でも、その関係が続いているんだと思います。

全ての人と本音で付き合いたい、というこだわりが強くありますが、本音を言いすぎて、失敗してしまうこともあります。

特に恋愛や家庭では、本音を言いすぎると険悪になることも。ここでは嘘も方便が役立つことがあります。臨機応変でいきたいものですが、仕事に関しては、ぎりぎりまで本音で向き合うのがいいと思います。

上司から「お客さんにあまり無理は言わないでね」と指摘されたことがあります。私は「無理はしてないですよ、法則にのっとってやっているので大丈夫です」と返しました。

私がやっていることが「無理なこと」に見えている人がいるんだ、と驚きました。でも決して、無理強いして買ってもらっていたわけではなく、本当のことを伝えて、信頼を勝ち得ていただけです。特に後ろめたさはなかったので、それ以降も本音でお客様と向き合って、仕事を続けていきました。

「風水心理カウンセラー」との衝撃的な出会い

不動産の仕事をしていた会社は、リクシルの協力店の建築会社でした。リクシル商品を主流で扱っており、その関係で様々な建築関係の講座が開催されていました。

その中のひとつに「風水インテリアアドバイザー」の講座があったのです。

私はそれに、とても興味を惹かれました。

それまで私の中で「風水」といえば、ドクターコパさんでした。当時はよくテレビにも出演されており、本もたくさん出版されていました。

「西に黄色を置いて金運UP」というのが、とても印象的なフレーズでした。

分からないことは、どうしても知りたくなる性格ですので、まずはその講座を受けてみることにしました。

講座では、風水の基本、九星気学、それに加えて、運気が良くなるための部屋別ポイントやアドバイスなどの講義を聞き、最後に試験がありました。

そうしたら、またまた目からウロコ！

こんな世界があるのだと、夢中になって話を聞き、講座が終わる頃には、すっかり「風水」の虜になっていました。

私はもっと風水を勉強できないかなと思い、その時の講師の先生に話しかけました。すると、

「これを読んでみたらどうですか」

と谷口令先生の本を勧められたのです。

そこには「風水心理カウンセラー」の文字。

これまた、興味をそそられるワードでした。それまで、色んな人から相談を

受けていたので、心理カウンセラーにも興味もありましたし、しかもそこに風水が加わったら、一体、どんなものになるの!?　と大興奮。

私は家に帰って、すぐにその本を開きました。

もう、本をめくる手が止まらず、夜更かしして、一気に読み切ってしまいました。

それまで風水＝ドクターコパさんと思っていたのに、ドクターコパさんと言っていることが全然違う。どうして!?

もちろん、それぞれ考え方はあるので、どれが良くて悪いということではないのですが、令先生の風水の考え方はとても斬新で、特に「運は作れる」という言葉に衝撃を受けました。それまで、運は決まっているものだとばかり思っていましたから。

令先生の言葉は全て腑に落ち、その世界の深さに感激してしまいました。

これを機に、私は風水の勉強を極める決意をしました。これが50代、最大の出会いであり、人生を変える瞬間でした。

風水を勉強することは、会社の方も応援してくれました。

後々、風水を生かした住宅などを、事業の柱にできたらいいね、という思いもあったようで、大阪まで講座を聞きに行く時も、交通費を出してくれるほどでした。

こうして私は、風水心理学を学び「風水心理カウンセラー」の資格まで取ってしまったのです。その時はもう60歳になろうかとしていた時でした。

その後、会社の仕事に風水を生かしていきました。社内の建築士に呼ばれ、「こういうニーズがあるんだけど、風水を生かして、何か考えられないかな」と言われ、企画会議にも何度も参加しました。

実際その風水を生かした家ができた時は、お客様からも好評だったようで、会社の人からとても感謝されました。

本当にこの時の「風水」との出会いは、私の人生を一変させたのです。

お金をもらって「カウンセリング」をすること

本格的に風水を学びだし、講義などで、谷口令先生にお会いすることも増えました。そのうち、私の個人的な話にも、親身になって相談に乗ってくださるようになりました。

私はそれまで色んな人の相談を受けてきたことを話しました。

もちろん資格などもなく、趣味の延長です。

ただ、その人が楽になれたらいいなという思いでした。でも話を聞くと、毎回疲れてしまって大変でした。ハードな話を聞いた後はぐったりして、次の日、仕事を休んでしまいそうになったことも。

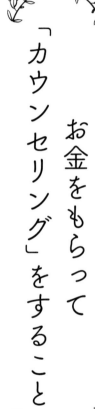

どうして私はこんなに疲れることをするんだろう、なぜそんなに人にアドバイスをしたいんだろう、と思うこともありました。

その話を令先生にしたところ、

「プロになりなさい」

と言われたのです。プロになって、仕事にしてしまえば、疲れるということが解消されるかもしれないと。

確かにそうかもしれないと思いました。仕事にしてお金をもらうことで、もっと効率的に相談者に向き合うことができる……。

それから私は、さらに風水の勉強に熱心になり、「風水心理カウンセラー」の講座も迷いなく受け、資格を取ったのです。

現在は、毎日カウンセリングを行っています。

色んな人と関わり、人脈も増えていきました。そして、人助けをさせてもらえることに、とても感謝しています。

ちょうど資格を取った頃に参加した、起業家のセミナーで、ＦＭ島田という静岡県島田市にある地方ラジオ局の役員の方と出会い、私のトークが面白いからとラジオ番組に出演オファーをいただき、出演しました。

風水を用いて、人生を豊かにするためのアドバイスをさせていただきました。これが意外と反響があり、その後相談に来てくださる方が増えました。

色んな方にお会いするようになり、中には「除霊をしてください」という方もいました。

他にも「印鑑や壺を売るんですか？」と言われたり、私が好きでつけている黒い水晶のブレスレットを見て、

「それは売ってくださらないのですか？　おいくらです？　５万くらいですか？」

と言われたりしたことも！

皆さん、いったい何と勘違いされているのでしょうか……。

風水はそういうものではありません！

お話を聞いて、運をつかんでいただくように導いていくものです。

私は気持ちが落ちて、悩みが大きい人には、できるだけ「がんばれ」とは言わないようにしています。それが逆に、プレッシャーになることもありますから。

とにかく寄り添い、その方が一番望む方向へ、気持ちが元気になるようにアドバイスをします。そのアドバイスで、実際元気になった方から「ありがとうございます」と言われるほど、嬉しいことはありません。

もし皆さんも、誰かに悩みや相談を受けたら、何かいいアドバイスをしようと思わず、まずはその人に寄り添って、話を聞いてあげてください。

きっと相手の方は、それでまず気持ちが落ち着いて、安心されるはずですから。

それでも元気になれない人は、ぜひプロを頼ってほしいと思います。

初めての骨折でもくじけません！

不動産の仕事は4年目を迎え、私はさらに楽しく、向上心を持って、仕事に取り組んでいました。定年まであと数年。このままこの会社で、全力で走り切りたいと思っていました。

そんな最中、右手首を骨折したのです！

ちょうど一年前、２０２３年の2月頃でした。

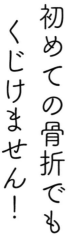

私の会社はとても自由な社風だったので、昼休みに、みんなで食べる昼食を作ることもありました。

その日は私が、みんなにラーメンをふるまおうと思い、両手に食材が入った袋を持って出勤していました。出勤時間が迫っていたので、少し慌てていたのかもしれません。駐車場から会社の玄関に向かう途中に転んでしまったのです。何も持っていなければ、上手く受け身がとれたんでしょうが、手には具材がたくさん入った袋。しかもそれを手放さなかったために、右手を変な風に地面についてしまい、全体重が乗って、骨折したのです。

なんと、人生初めての大けが！

それまで特に大きな病気をしたこともなく、健康と体力には自信があったのに、まさかこんなことになるなんて……。

「これは何かの前触れ!?」そんなことすら思いました。

すぐに病院へ行き、右手首にはギブスが装着されました。利き手なので、さすがに不便でした。会社の人も、少し休んだほうがいいよと言ってくれて、これまた人生初の「有休」を2週間取ることになったのです。

久しぶりに、家でゆっくりできるなと思ったのもつかの間、一週間後には、身体がむずむずし始め、何かしたくなりました。

最近の車はオートマチックで、ボタンひとつで運転もできてしまうので、骨折していても余裕で運転ができました。これなら会社に行けると、一度出勤したところ「家で大人しくしててください！」と言われてしまい、すごすご家に帰りました。

すると、近所の電気屋の奥さんから「暇なら遊びに来れば？」と誘われたのです。私はすぐに電気屋さんに行きました。

楽しく奥さんとおしゃべりをしていると「時間があるなら、ミシンでもやってみる？」と言われたのです。実はその奥さんはミシンの先生でした。

最近のミシンもボタンひとつで動かせてしまうので、片手が使えなくても大丈夫ということでした。正直「ミシンねえ」と、初めはあまり乗り気がしませんでした。

でも、時間はたっぷりあったので、その奥さんに言われるがまま、ミシンを買い、ポシェットを作ってみることにしました。

するとこれが、意外に簡単にできて、楽しかったのです！

特に、平面の生地が立体になっていく面白さを感じてしまいました。

母が洋服を作っている時には、特にそれについて話したことはなかったですが、きっとこういう喜びがあったのかもしれないな、ふと思いました。

それから残りの一週間で、小物をいくつか作り、お友達にあげたりしました。自信がついた私は、さらに気を良くして、次はワンピースを作ってみようかと思ったりして……。そんな風にミシンを楽しんでいたら、あっという間に有休が終わり、仕事復帰となりました。

ギブスはまだつけたままでしたので、出社はしましたが、やれる範囲でできる仕事をしていました。完治は5月のゴールデンウイーク頃の予定でした。

「完治したら、またバリバリ働こう！」と思っていたところ、また予想だにしないことが起きてしまうのです。

寝耳に水の「解雇宣告」

骨折をしてもめげることなく、元気に仕事復帰をして、ギプスもとれてあとは、完治を待つだけという頃、寝耳に水なことが起こりました。

それは突然の「解雇通告」です。

いよいよ、来週から楽しいゴールデンウイークという時期に、専務から会議室に来るように呼ばれました。私は能天気に、何か新しいプロジェクトでも始まるのかな、と思いながら会議室に行きました。

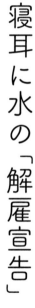

するとそこには、神妙な顔をした専務と社労士が同席していました。

何やら不穏な雰囲気……。もしかして私、何かやらかした？　と思っていると、専務は話を切り出しました。

「実は今日は、望月さんにお話があります」

「はい。なんでしょうか」

「大変申し訳ないのですが、会社を辞めていただきたい」

え!? 私は一瞬、何を言われているのか分かりませんでした。

「専務、またまた御冗談を!」と笑って返そうとしましたが、どうやらそういう雰囲気でもありません。専務は資料を持ち出し「現在、会社の業績がこういう状態なんです」と説明し始めました。

実は以前から赤字続きで、何とか経営を続けてきたというのです。でもそれももう耐えきれず、今回どうしても、私に辞めてもらわないといけなくなったというのです。

そう簡単に言われても困ります。

「どうして私なんですか?!」

思わず強い口調で聞きました。すると専務は、

「年齢の順なんです。本当に申し訳ない」

と頭を下げました。

今回社長も辞任し、社員で解雇となるのは、次に年を取っている私だというのです。なんということでしょう！

これまで誰よりもがんばって、営業成績も一番でやってきたのに。一番の年寄りだというだけで解雇になってしまうなんて……。もはや決定事項で、私の意見など言える状況ではありませんでした。呆然とする中、解雇時期は5月末と告げられました。

ちょうど一か月前の告知でした。

骨折もだいぶ良くなって、ゴールデンウイーク明けからは、フル回転で働こうと思っていたのに、なんでこんなことになるの!?

それよりも何よりも、これから始まるゴールデンウイークが全く楽しめなく

なることにも怒りがこみあげてきました。

「私のゴールデンウイーク、どうしてくれるんですか！」という私に、専務と社労士はもう何も言いませんでした。

この時私は61歳。60代に入って、まさか今度は、解雇を経験することになるとは、夢にも思いませんでした。

50代から始まった激動の転職から、母の介護、風水の勉強をして、風水心理カウンセラーとなり、本格的にカウンセリングも始め、何もかも順調に来ていたのに、奈落の底に突き落とされたような気分でした。

お客様にも説明が必要でした。5月末で、こういう理由で辞めることになりましたと言うと「なんで望月さんが辞めなくてはいけないんだ。私から会社に言ってやるよ」というお客様もいて、とても救われました。

でも決定は覆らず、宣告通り5月末で、私はその会社を退社しました。

最後にもらった花束は、全く奇麗と思えませんでした。

自分の言葉で、自分を元気づける

突然の解雇は、ボディブローのように、徐々に私にダメージを与えていきました。そして、知り合いづてで、会社の情報が漏れ伝わってくることも地味に堪えました。

私が退職した後、会社は建築、修理、不動産部門のうち、建築部門をたたんで、賃貸物件の管理と修理を中心にした事業で、再出発していました。ポジティブなはずの私も、この時はさすがに落ち込みました。母が亡くなった時以来の落ち込みようです。

正直、鬱のような状態にもなりました。何かを考えることが苦痛になり、家から出ることも怖くなりました。そして、今日が何日で何曜日なのかすら、分からなくなるほど……。

仕事がないことへの、自分の自信のなさで、どんどん追い詰められていったのかもしれません。

でも母が亡くなった、5年前とは状況が違いました。

私は不動産の仕事の合間を見て、風水心理カウンセラーとして、カウンセリングを行っていたのです。

こんなメンタルじゃ、話を聞くのも無理かもと、カウンセリングをキャンセルしようかと思いましたが、私の個人的な理由で相談者さんに迷惑をかけるわけにいきません。なんとかその時間だけは家から出て、いつもの笑顔でカウンセリングを行っていました。

すると不思議と、皆さんにアドバイスをしているはずの自分の言葉に、自分が元気づけられていることに気が付きました。

ちょうどその時、会社の上司との関係に悩んでいる方がいらっしゃいました。

私よりだいぶ若い方でしたが、会社の上司からパワハラを受けていて、とても悔しいと。退職して、できれば同じ業種で起業をしたいというのです。

起業することで、その上司と会社に復讐がしたいと……。

私はパワハラではないですが、解雇という憂き目にあい、同じように悔しい思いをしていたところでした。でも私の中には、会社に復讐をしてやろうという思いは、全くありませんでした。

そういうことも踏まえ、その相談者には「復讐の先に幸せはないよ」とアドバイスをしました。

もちろん憎たらしい相手をぎゃふんと言わせたい気持ちは分かります。

ただ、復讐しようという思いは、ものすごくエネルギーを使います。しかも負のエネルギーを。

私はあえて「そんな憎たらしい人たちのことはさっさと忘れて、もっと明るく楽しい未来を想像してみたらどう?」と言いました。

その相談者は、ハッとしました。ここしばらく、相手に仕返しをすることしか考えておらず、楽しい未来なんて全く想像していなかったと……。

結局その日は「もう少し冷静になって、いろいろ考えてみます」と言って帰られました。

このカウンセリングが終わり、帰宅しながら、私は思わず笑ってしまいました。家ではもんもんと、この世の終わりみたいなことを思っていたのに、相談者には、あんな明るいアドバイスをしてと……。

たしかにそうだ。嫌なことはさっさと忘れて、先に行くべきだよな、と自分の言葉に、やけに納得したのです。

客観的になることで、その先を冷静に見つめることができます。もしつらいことにあったら、皆さんももう一人の自分から、自分に対して声をかけてみてください。きっと打開策が生まれるはずです。

誰かの「役に立ちたい」気持ち

年齢を重ねてくると、身体のあちこちにガタがきます。

60代に入り、骨折もしてしまい、先日（5年ぶりに！）受けた健康診断では、血圧が高いと指摘が入りました。さらに他の数値も高いものがいくつもあって……。意外でした。まさかこんな身体になっているとは！

しかもお医者さんからは「ストレスがかかりすぎている」と言われる始末。「自分は健康なんだ」と過信するのはよくありませんね。

血圧については、薬を飲んでコントロールすれば、あと30年は問題なく生きられると太鼓判を押され、安心しました。なんとしても、あと30年は生きて

(30年後は90歳ですが!)、全ての人を私の言葉で元気づけたい、私の言葉で救って差し上げたい、という思いがあります。

何年か前「浅草の母」と言われる占い師さんのところに行ったことがありました。NHKの『ドキュメント72時間』という番組にも取り上げられた方です。

「どんなことを言われるんだろう」と、興味本位で占っていただきました。

さすが浅草の母です。私の生年月日見せただけで、

「なんであなた、あたしと同じことしてるのに、ここに来たの?」

とズバリ言い当てたのです。

私は正直に、誰かの役に立ちたいから、カウンセラーをやっていることを告げました。すると、

「人助けをすることは素晴らしいわ。その仕事は、あなたにも合ってるし、やりたいことやり続けていきなさい」

と背中を押してくれたのです。その言葉に、とても自信をもらいました。

建築会社を解雇されたあとの時間は、カウンセリングに向き合いました。あらためて、私がやりたいこと、やっていくべきことを冷静に考える時間となりました。それはとても貴重な時間になり、次第に解雇してもらったことすら、ありがたいと思えるようになりました。

振り返ってみれば「人の役に立ちたい思い」は、中学生の頃から持っていたと思います。

同級生たちの人間関係や恋愛相談を受けて、そんなに大げさなアドバイスではないですが、私なりに思ったことを伝えていました。

好きとか嫌いではなくて、ただ単純に話を聞いてあげて、力になってあげたい気持ちが強かったのです。

母親になってからは、ママ友の相談や会社の人の相談も受けるようになり、「話してよかった」

と感謝をされるようになりました。

大変だな、つらいなと思うことはありましたが、それらを続けてきて、今は仕事にすることができ、本当によかったと思います。

誰かのために何かをしたら、それは必ず自分に返ってきます。私が自身の言葉に元気づけられたように……。

小さなゴミ拾いでも、電車で席を譲ることでも、できることは何でもあります。ぜひ誰かの役に立つ行動を心掛けてみてください。きっと、いいことが舞い降りますよ。

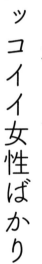

私の周りは、カッコイイ女性ばかり

私の周りには、カッコイイ女性が、本当にたくさんいます。

そういった女性たちは、皆さんお洒落にも気を配り、仕事もバリバリとこなしていて、常に前を見て進んでいます。

私はそういう人たちをみると、あやかりたいなと思うとともに、私もそうなれるように努力しようと思うのです。

そのカッコイイ女性のひとりが、谷口令先生です。

いつも私を引っ張り上げ、開放してくださいます。

令先生の軽井沢セミナーに参加した時に、私と母とのわだかまりを話したことがありました。

私はずっと静岡から出られない人生なんだ、それは母との関係からであり、これからもきっとそれは変わらない。でもどうにかしたいとは思っている、というようなことを話しました。

すると令先生は、突然両手を天に仰いで言いました。

「お母さん、十三恵さんを外に出してあげてくださいね。お願いします！」と。

きっと、私をリラックスさせてくれようとして、そう言ってくださったんだと思いますが、その一言が、私の心をとても開放してくれたような気がしました。私は外に出ていいんだと。長年縛りつけられていた、心の束縛から逃れた感じがしたのです。そして、今までの私から脱却しようと思ったのです。

本当に感謝しかない出来事でした。

そしてもうひとり、カッコイイと思う女性がいます。

それは、私のカウンセリングの相談者の方で、保険会社のセールスレディをされているAさんです。

Aさんは私より2つ年上の方で、朝日生命トップクラスのセールスレディなのです！　この方もいつもスーツをびしっと着て、パンプスを履き、颯爽とカウンセリングにいらっしゃいます。

色んな話を聞いている中で、とても信頼できる方だなと思っていました。

まず、人の悪口は言わないのです。おそらくたまっている愚痴もあるとは思いますが、それを一言も口にしません。

さらに、物事の考え方が、とてもポジティブ。私もそうとうポジティブだと思っていましたが、それを上回るポジティブさ！

他の人の話を聞いて「もっとこうしたらいいんじゃない？」と前向きなことをぽんぽん言われます。カウンセラーの私のほうがたじたじしてしまうほど。

しかもご主人と仲が良く、思わず、

「どうしてそんなに仲がいいんですか？」

と聞いたことがありました。

すると40代後半で再婚されていて、お互い気遣いのできる関係のようで、特に喧嘩になることもなく、いつも仲良くいられるというのです。

思わず「羨ましい！」と思ってしまいました。

しかも、立ち居振る舞いがスマート！

私は後日、朝日生命の研修に誘われることになるのですが、その研修中、何度かランチに誘っていただきました。

Aさんは、ランチの間も上手にお話をされていて、その場にいた皆さんに気を配り、お会計はみんながトイレに行っている間に済ませてしまうというスマートさ。「カッコよすぎる！」と私は感心しました。

一緒にいられるだけでありがたいのに、こんなカッコよくて、ステキな女性たちが、解雇されて途方に暮れていた私に、チャンスをくださることになるのです。

「出会い」は唯一無二のもの

突然ですが、人はいつまで恋をするものでしょうか。

私は「死ぬまで恋はするもの」と思っています。

これまでたくさんの人から、色んな相談を受けてきましたが、やはり恋にまつわるものがとても多いですね。

先日70代の女性から、こんな相談を受けました。その女性は、仕事はすでにリタイアして、今の生きがいはグラウンドゴルフ。その練習場で出会う、80代のコーチにときめいているというのです！

グラウンドゴルフに来ているのは、同世代の女性ばかり。皆さん、コーチに気があるようで……。

「どうしたらそのコーチの心を射止められますか？」と恥ずかしそうに言う姿に、思わず私のほうがキュンとしてしまいました！

私はその女性と相手の男性の生年月日を聞いて、九星気学からそれぞれの星を説明し、「○○頃に、○○の方角でアタックしてみたらどうですか」とアドバイスをしました。するとその女性は、私のアドバイス通り行動され、後日、そのコーチと手をつないでウォーキングをし、スタバでお茶をしたと、嬉しそうに報告に来てくれました。

いいですね！　いくつになってもなくならない恋心。若い頃の恋とはまた違ったものだとは思いますが、誰かにときめくというのは、人生に張りが出て、毎日楽しくなりますからね。

恋とは違いますが、誰かと「出会い、つながっていく」ことも、人生においては大切なことだと思います。

転職の合間に3週間ほど働いた、国会議員の地方事務所での出会いは、印象的でした。選挙期間中のお手伝いで、雑用やコピー取りなどをしていました。普段、なかなか垣間見ることができない世界。未知の世界に足を踏み入れた、あのワクワク感は今でも忘れられません。さらに人間関係は最高で、議員先生、秘書の方々、職員さんにはとても良くしていただきました。

訪れる来客の方々との、様々なジャンルの話、例えば政治、経済の話はいつまでも聞いていられるくらい面白く、好奇心を掻き立てられました。

もともと私の大好きな分野が、政治と経済だったことも、興味をそそられたひとつだったと思います。今でも、その議員事務所の職員さんとは交流が続いており、ご縁の深さをとても感じます。

かと思えば、忘れたい出会いもあります。それは、解雇になった建築会社でのことです。

ちょうどこの本が出る前に放送されていた、宮藤官九郎脚本のテレビドラマ

『不適切にもほどがある』をそのままそっくり描写したような、上司のパワーハラスメントは強烈でした。

仕事の話で意見が食い違うと、出勤直後であっても「帰れ！」を連発。

実際出勤して直ぐに、タイムカードを打って帰社したこともありました。

私がコンプライアンス違反だと主張すると、

「関係ない、労働基準局でも監督署でも訴えろ！」

と言われる始末……。

ドラマの中であれば、笑ってすませることもできますが、現実にそういうことをされたら洒落になりません。

出会いは唯一無二のものですが、こういう方とは、縁が切れてむしろ良かったと思います。

大切にしたいと思う出会いは、ぜひ積極的につなげてみてください。きっとまた、新たなかけがえのない出会いが訪れるでしょうから。

元気になるカウンセリング

4

人と比べてばかりで自信が持てません

PROBLEM ―相談―

50代の女性会社員です。結婚して10年ですが、私には子供がいません。不妊治療もしましたが、残念ながら授かりませんでした。それもあり、どうしても人と比べて自分はダメな人間なのではないかと思ってしまいます。最近ではＳＮＳを見て、華やかな生活をしている人にも嫉妬心を持つように。どうしたら自分に自信を持てますか？

ADVICE ―アドバイス―

「隣の芝生は青い」と言いますが、他人のことはよく見えるものです。

子供ができなかったからといって、決して自分を卑下することはありません。しっかり働いて、きちんと生活されてるんですから、それで十分立派です。

SNSの情報は真に受けなくていいです。みんなが本当の自分をそこに載せているとは限りません。だからそういうのを見て、自分と比べることには意味はありません。

まずは身近なところから、本当に自分の好きなものはなんだろう、楽しく思えることはなんだろう、と探してみてください。そうしているうちに「あなたらしさ」ができてくると思います。そうなればきっと、自信も生まれます。

第5章

60代はもっと面白いことばかり

生命保険会社に潜入研修⁉

「営業やってたなら、保険の営業してみない？」

とAさんから声をかけられたのは、２０２３年の年末でした。

聞けば、研修時間は朝10時から14時まで。ちょうどその頃は、毎日午後帯にカウンセリングの時間を設けていたので、午前中は時間が空いていました。時間も合いそうだし、それよりも、生命保険会社ってどんな感じなのかと興味が湧いていました。

「知らない世界を覗いてみるもいいか」と、私は、朝日生命の相良営業所へ通うことにしました。

この時はまだ、本気で働くつもりはなく、いわゆる「潜入研修」をしようと思っていました。後々、何か面白いエピソードでもできればと……。

研修に行ってみると、〇所長以外、全員女性でした。年代は40~70代。中には私の相談者さんもいたので、

「十三恵先生、なんで来たの？」

と驚かれました。私は「潜入よ！」なんて笑っていましたが、皆さんの様子を見て、面食らいました。

色々事情を抱えた人が多い印象でした。シングルマザーで小さい子を育てている人や、夫の借金を返そうと必死な人など。でも皆さん必死に仕事に向き合っているのが分かったのです。

潜入なんて言って、中途半端な気持ちで向き合ってはいけないと思い、とりあえず一か月、集中して一生懸命研修を受けることにしました。

平日毎日、ビデオを見ながら保険について勉強しました。知らないことを知

るのは楽しいので、私は次第に夢中になりました。

そのうち、研修が終わったらテストがある、と聞かされました。そのテストに合格すると「ライフコンサルタント」として、保険の営業ができるというのです。「え、テスト⁉」と私は迷いました。

研修だけで十分とも思っていたので、なんとかテストは受けずに終われないかと思っていましたが、

「ここまでやったんだから、力試しと思って受けてみたら?」

とO所長やAさんに背中を押されたのです。

それから毎日、模擬テストが始まりました。

テストは90点以上が合格になるとのことでしたが、その時私は取れても85点くらい。合格は難しいなと思っていました。

そしてテスト当日、O所長の車で会場に向かうと、静岡県内から集まった数百人もの女性たちが、試験を受けに来ていました。その数に圧倒されました。

そしてテストは3日間かけて行われました。

手ごたえは……60点くらい。これは落ちたな、と思っていました。

でも当日の夕方、○所長から電話があり、

「望月さん、合格です！　60代で90点以上とるのは、前代未聞です！」

と報告されたのです。まさか、受かっちゃうとは……。
○所長は続けて「入社式、出席してくださいね」と言いました。
え！　私、このまま朝日生命の社員になっちゃうの？　と慌てました。そこまで想定していなかったのです。おそるおそる、

「私、風水心理カウンセラーの仕事もあるんですけど」

と言うと、「両立でかまいません。ぜひ私どもの会社の力になってください」

と○所長は明るく言って、電話を切りました。

ただの「潜入研修」だったはずが、事態はまたまた思いもしない方向へ向かい始めたのです。

61歳でまた社員！
こんな面白いことある？

私は入社式のお祝いに、有名ホテルの豪華な中華ランチをごちそうになっていました。

「60代でこんな成績をとれるなんて、全国的に見ても、すごく珍しいことですよ」と私より年下の○所長が、エビチリをほおばりながら笑顔で言いました。

「そんなことないでしょ」と私が八宝菜を食べながら答えると、

「いや、もう少し若い世代でも、難しいようなんです。そう思ったら、望月さんはすごいとしかいいようがないですよ」と○所長はグラスに入った水を飲み干しました。

Ｏ所長は30代の男性で、私の息子世代です。どこか愛らしいところがあって、女性社員たちから、愛を持っていつもいじられています。

「彼女は幾つなの？」「そのネクタイはどうして選んだの？」

そんなことを聞かれて、嫌な顔ひとつせず、笑顔で返すなかなかできた人です。女性ばかりの営業所が和気あいあいで、いい雰囲気を保っていられるのは、このＯ所長のおかげであるかもしれません。

美味しい中華もいただいて、たくさん褒められて、私はすっかりその気になっていました。初めは「潜入」などといって、軽い気持ちで研修を受けていたのに、いざテストも合格したら、欲が出ました。

しかも、この営業所の女性たちは、みんなパワフルで、すごく魅力的でした。この人たちと一緒に働いてみるのも面白いかも、と思うようになり、

「これもご縁だ。ここで働いてみよう」と、心に決めたのです。

仕事内容は、保険を売る仕事です。

飛び込み営業ではなく、保険の見直しが主で、２人一組で、すでに生命保険を契約されている方の家に訪問して、介護保険に見直ししませんかと営業をかけていきます。

じっくり研修をして、テストも受けているので、知識はもうばっちり。前職の営業経験も十分に生かせそうで、不安はありませんでした。

それにしても、人生って面白いなとあらためて思わされました。

61歳でまた社員になって、新しい経験ができるなんて！　一年前の解雇のことなど、もはや遠い昔。「そんなことありましたっけ？」と完全に笑い飛ばせるようになっていました。

相良営業所に通い始めて、まだ数か月ですが、新しい発見もありました。

私は藤枝市に住んでいますが、この営業所は牧之原市（旧相良町）にあります。台風のニュースなどでよく耳にする「御前崎灯台」の近くです。

城下町になるので、スーパーや銀行、ドラッグストア、ホームセンターなど、生活に欠かせない店がたくさんあり、よそに行かなくても、この町の中で十分完結できます。

私の家からは車で一時間ほどかかるので、これまであまり来たことがありませんでした。山をいくつか越え、茶畑の中を走って行くのですが、その途中に見える景色が、とても美しいと気が付いたのです。

もちろん富士山は見慣れていましたが、藤枝からみて西南の位置になる相良の町からは、また違った表情の富士山を見ることができました。

山の上からは、駿河湾が見え、その先に伊豆半島を一望でき、下田のほうまで見えて、つい車を停めて見とれてしまうほどの景色です。

Aさんの誘いを受けて、研修に参加して本当に良かったと思いました。

こんな景色に出会わせてもらったのも嬉しいですし、とりあえず何かに飛び込めば、こういう幸せな瞬間にたくさん出会えるんだと、さらに実感したのです。

やる気がない人ほど、損をする！

今回の保険会社の仕事は、お互いライバルと言うよりは、チームで何かをやる感じなので、チームワークが重要視されそうです。せっかくなら、みんなで協力しあって、いい成績をとりたいです。

私は昔からチームでやることが好きでした。

一人っ子だったので、仲間が欲しかったのかもしれません。意識的に友達も作るようにしていましたし、高校の仲間とはいいチームだったので、今でも連絡を取り合っています。

保険会社でトップのセールスを誇る人たちは、見るからにやる気がみなぎっています。

保険会社は特に実力の世界です。営業力も試されます。毎日ぴかぴかの靴を履いて、スーツやジャケットをびしっと着こなして、髪型もメイクもばっちり決めてお洒落です。手先にも気を配っていて、上品なネイルが輝きます。

その人たちを意識してからは、私も恥ずかしい恰好はできないと思い（むしろ地味なセーターを着ていくほうが目立ってしまう！）、できるだけきりっとした服を選んで、会社に行くようになりました。

ここで思うのが、一番はつらつとして元気なのは、60代の方たちだということです。

ちょうど私の世代になりますが、私たちは20～30代の頃が、まさにバブル期絶頂でした。

景気もよくて、メッシー、アッシー、ミツグ君が流行った時代。会社のお給料も羽振りが良く、やりたいことは何でもできて、行きたいところにも行けて、欲しいものも何でも手に入りました。

私も会社帰りにゴルフに行ったり、買い物に行けば、ブランド物を買いこんだりすることもありました。なんて夢のような時代だったんでしょうね。

そういう時代を経験しているからこそ、その勢いのまま、今もはつらつと元気にしていられるのが、60代なんだと思います。

それに引き換え、そのバブル期が終わった頃に、20代だった人たちは、ちょうど就職氷河期に当たってしまった人たちです。世代で言えば40代後半~50代前後でしょうか。

一概には言えませんが、その世代の人たちは、色んなことに冷めているような気がします。

仕事への情熱もそうですが、お洒落をすることや食べることにも、あまり関心がなさそうに見えてしまいます。営業成績にもあまり関心がないのか、固定給さえもらえたらそれで、という感じに見えるのです。

そう見えるだけで、実は扶養内で働きたい、他に仕事を持っているなど、理由があるのかもしれませんが、なんだかもどかしく、もう少しがんばろうよ、と思ってしまうのです。

そういう人たちには、おせっかいかもしれませんが、仕事の楽しさを教えてあげたくなります。稼ぐことは楽しいよ、と。実績ができればお給料も上がるし、何よりも達成感を味わえる、それも悪くないわよ、と。

だって、やる気がないと見られたら、損するだけですから。

もし、周りにいい見本となる先輩たちがいたら、ぜひそれを真似してみてほしいですね。世の中、はったりという言葉もあるくらいですから、できなくても、できるふりをしていれば、そのうち結果がついてくるはずです。

みんなを「元気にさせたい理由」

カウンセリングをやっていて、私の言葉を聞いて元気になっていただけることが、とても嬉しく、一番のやりがいです。

相談者の皆さんは、それぞれ悩みを抱えています。

相談に来るということは、きっと今の現状を打破して、新しい一歩を踏みだしたい思いの現れだと思います。

そういった方たちを救ってあげるのが、私の使命だと思って、カウンセリングの仕事も大事にしています。

先日、30代の息子さんを連れたお母様がいらっしゃいました。

息子さんは中学生の頃から引きこもりになっていて、ほとんど自室を出ない毎日。でもその日は、私と話をさせるために部屋から引っ張り出してきたというのです。

私は息子さんの話を丁寧に聞きました。

話を聞くと、決してやる気がないわけではなく、多感な時期に価値観を押し付けられてしまって、それにうまく順応できず、引きこもりになってしまったようでした。

私はこうアドバイスをしました。

「価値観はいろいろあるの。家族の人が言うことが全てではなくて、君の価値観も私は認めるよ」

その時息子さんは、ただ黙って聞いているだけでした。何か彼にとって、いいきっかけになればいいなと思っていました。そして数日経って、お母様から電話が来たのです。

「息子が部屋から出られるようになりました」

と。詳しく話を聞くと、私と話をした次の日から部屋を出て、買い物に出かけるようになったというのです。

それを聞いて、とても嬉しかったです。私のアドバイスが響いてくれたんだと思って。

今の30代は、ちょうどゆとり世代で、学校では優しく育ってきて、社会に出たら景気が悪く、ゆとりとはかけ離れた現実を目の当たりにし、上手く順応できず、引きこもりになってしまった人たちが多くいるように感じます。

そういう人たちに、外に出るきっかけを教えてあげられる大人が、もっと増えたらいいのにと思います。

また先日も、保険会社に出勤したところ、同僚のひとりから、

「先生、手を握らせてください」

と言われました。その同僚は、以前から相談も受けている人でした。

「なんで私の手なんか?」と思いながら、手を差し出しました。するとその同僚は、嬉しそうに

「これでパワーもらえたので、一日がんばれそうです」

と言ったのです。そんなこと言ってくれるんだ、と嬉しくなってしまい、私もその日一日、いつもより元気に過ごしました。

おそらく私自身が、周りの人たちから元気をもらえるから、たくさんの人を元気にしたいのだと思います。

元気じゃなきゃ、何も始まりませんからね。皆さんも自分なりに、元気になれる何かを見つけられるといいかもしれませんね。

「資格」がなくたって楽しく生きよう

皆さんは、履歴書に書ける資格をどれくらいお持ちですか？

これまでの私はというと「普通自動車第一種運転免許」「小原流一級家元教授」くらいでしょうか。子供の頃にとった珠算もありますが、最近は履歴書に書かないそうですね。

不動産の仕事をしていた時に、宅地建物取引士の試験にも挑戦しましたが、あと数点足らずに取得に至らず……。

資格には縁遠かったですが、50代後半で風水の勉強をしてからは、次の肩書が増えました。

ＦＳＣＡ認定　風水心理カウンセラー
風水インテリアアドバイザー
ハッピーネームアドバイザー
整理収納アドバイザー
ハウジングスタイリスト

こうしてみると、とっても資格持ちのような気もしますね。

ただ資格がなくても、十分楽しく生きることはできると思います。現に私がそうでしたから。

子供の頃に「保育士か看護師になれば？」と母に勧められました。もしその勉強をして、資格を取っていたら、今頃その仕事に従事していたと思います。

でも言われるがままに、その資格を取っていなかったからこそ、今の自由な生活を送れているとも言えます。

ただ、資格があると定年後でも、仕事に就きやすいことはあります。それに備えて、今から何か勉強を始めておくのも、それは一つだと思います。

知り合いの方では、子供を産んでから、学童のアルバイトを始めた人がいました。それを何年かやったあと、勧められて社会福祉士の資格を取り、今は施設で働いています。今はお給料も上がってよかったということでした。

こんな風に、流れで資格を取る機会があるのであれば、取ってしまうのも手ですね。

資格にも、国家資格から民間資格まで色々あります。ちなみにシニアに人気の資格は次のようなものだそうです。

ファイナンシャル・プランニング技能士
マンション管理士

社会保険労務士
行政書士
中小企業診断士

これらは全て国家資格となりますが、特に社会保険労務士、行政書士、中小企業診断士は後々独立開業もしやすいということで人気だそうです。

最近では趣味を生かしたような、ネタになるような面白い資格も増えています。民間の資格にはなりますが「温泉ソムリエ」は、医療従事者や介護士に人気だとか。温泉の効能や入浴法など様々な面で使える知識が学べるのが魅力のようです。

これに興味があるから勉強してみよう、その結果資格が取れて、仕事にも生かせるようになった、というのが理想かもしれません。

資格にこだわらず、やりたいことをやる人生を目指していきたいですね。

あえて「勝ち負け」にこだわってみてもいい

私の人生通してのコンセプトは「勝負」です。

異常に勝ち負けにこだわり、勝たなきゃ人生意味がないとまで思っています。

15年ほど前、ある女性の国会議員からこんな言葉が飛び出しましたね。

「2位じゃダメなんでしょうか」

今でもその時のニュース映像が目に浮かびます。

当時政権を担っていた民主党が事業仕分けを行いました。それまでの自民党政権時代の「予算のムダ」を洗い出す会議で、そこでやり玉に挙がっていたのが世界一の性能を目指すスーパーコンピューター「京」の開発計画でした。

勝負に対して、それぞれ価値観があるのかもしれませんが、私が勝ち負けにこだわる理由は、母との関係だったり、小学生の時にニワトリ小屋に閉じ込められたり、とありますが、その中でも一番の理由は、

「上に行かないと意見が言えないし、物事が進められない」

と思っていたからです。

私の勝ちの法則は、

「せめぎあって奪うもの、競争しあって勝ち得るもの」です。

私は「絶対勝つ」という根拠なき勝負魂を持っています。

ちょっとやそっとじゃ、誰にも負けない、だってそうなるために努力をして

きた、人一倍がんばってきた、と思っていたからです。

もちろん、そういう勝負にこだわるのはどうなの？　と思う方もいらっしゃると思います。確かにそうですね。一番にならなくてもいい人生を送られている方はたくさんいらっしゃいます。

勝負なんかしなくても、がんばろうという気持ちを強く持ち、目的を持って、これは誰にも負けないと思ってさえいれば、豊かな人生を送れると思います。

実を言うと、こう見えて私は打たれ弱いところがあります。

だから何をやろうにも、勝ちに行こうと思わないと気持ちの上で、負けてしまいそうになるのです。

だからあえて、勝ちにこだわるのです。

「そういう性格だと、疲れたりしませんか？」

と聞かれることもありますが、そんなことは全くありません。むしろ気持ちが燃えてきます。

あえて茨の道に、行っているのかもしれませんね。

無意識に、とげとげの自分を奮い立たせる道へ。

私はそれでいいと思っています。

平坦な道ほどつまらないものはありません。特に私の場合は、楽な道を行ったら、やりがいのなさにむしろ怠けてしまい、私の魅力も十分に出せないと思うからです。

皆さんには、常に勝ち負けにこだわれ、とは言いませんが、ぜひここは勝つべきだと思った時は、勝負をかけてみてはどうでしょうか。

きっと、思いもしない道が開けるかもしれません。

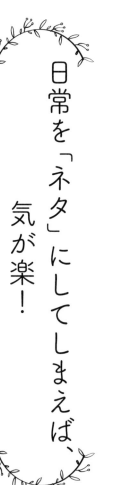

日常を「ネタ」にしてしまえば、気が楽！

この本を書くにあたり、これまでのことを色々振り返ってみました。

つらいことも楽しいことも本当にたくさんありました。でもどれを取っても、今は笑いながら話せてしまいます。

それはどうしてだろう？　と思いました。

おそらく、私は今までのことを全て「ネタ」として捉えているからです。

もともと、作家になりたかったので、いつかエピソードとして使えるかもと、自然と「ネタ」にする癖がついていたのでしょう。

特に、つらいことや苦しいなということは、ネタにして楽しんでしまえば、気が楽になります。

もちろん、そんなネタになんかできない！　というものもあると思いますが、受け止めのひとつとして、そういう風に考えれば、気が楽になるのではないかと思うのです。

先日、テレビを見ていたら、ある食品メーカーの特集をしていました。

SNSで「フライパンにくっつかないはずの「羽付き餃子」が、どうしても自分の家のフライパンにはくっついてしまう、どうしたらいいの？」という書き込みがあり、それを見た、メーカー担当者が立ち上がるのです。

まずはユーザーからフライパンを集め、本当にくっついてしまうのか試したところ、くっつかないはずの餃子が、見事くっついてしまうのです。特に古いフライパンにはその傾向があると気が付きます。でもそれぞれユーザーはフライパンに思い入れを持っていました。なかなか捨てられないフライパン。中には10年以上使っている人も……。

でもここで、メーカー担当者は「フライパンを買い替えてください」とは言わず、どんなフライパンにもくっつかない「羽根つき餃子」の研究をさらに深めていくのです。

担当者は毎日毎日、餃子を焼いては、頑固に汚れがこびりつくフライパンを洗う、ということを繰り返します。

それは次第に、担当者を追い詰め、とうとう夢で餃子を焼いてしまうほどに。

でもその担当者はくじけません。しまいには、そのフライパンに名前をつけます。渦巻模様があるフライパンは「うずうずさん」、こびりつきが半端ないフライパンは「地獄さん」など……。

そう呼びながら、フライパンに愛着を持ちつつ、自分の気も晴らして、研究を続け、さらに改良された「羽根つき餃子」を作りだした、という内容でした。

これもある意味、現状をネタにしてしまっているなと思いました。

つらい現実をあえて自分自身が楽しめる状況に落とし込んで、乗り切り、さらにいい結果を出していることに、すごいなと感じました。

本当に毎日色んなことが起こります。つい、イライラしてしまうことも。

それを真に受けているとつらくなるだけなので、自分なりに変換して「ネタ」にして楽しんでしまうことは、とても大事だと思います。

私もいじめにあった時は、悲しい気持ちになりましたが、自分を変えようとしたことで新しい発見をしました。そしてそれらを「ネタ」にしてしまい、その後の経験、特にカウンセリングに活かしています。

さらに、この本に書くエピソードにしてしまいました。きっといじめていた人たちも、あっけにとられているんじゃないかなと思います。

ちょっとした気の持ちようだとは思いますが、人生の「ネタ帳」を増やして、楽しく毎日を過ごしていけたらいいですね。

年齢を気にせず、やりたいことをやろう

何か新しいことをやろうとすると「私、もう年だから……」と仰る方がいます。私はそれを聞くと「それってなんだろう？」と思ってしまいます。

50を過ぎたら怖い？

60を過ぎたらもっと怖い？

正直、その根拠が逆に分からないのです。新しいことを始めるのに、年齢の確認はありません！　やりたいと思った時が、一番それを始めるのにいい年齢なんだと思います。

私が50代で始めたのは「筋トレ」です。

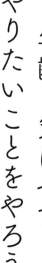

きっかけは、階段を登ろうとしたら膝に違和感を覚え、これはまずいと思い、トレーニングジムに通い始めました。

ジムというと、なかなか続かない印象ですよね。初めは気合が入っているので、一生懸命通いますが、そのうちだんだんと足が遠のいて、会費が無駄に……。そういう経験をされた人も多いと思います。

でも「このままじゃ、私は衰えていくばかり!」と危機感を持っていると、不思議と足がジムに向かうのです!

きっとこれが30、40代だったら、健康に特に問題を抱えていませんので、忙しいとかこつけて、辞めていたでしょう。

私にとって、この50代が筋トレを始める時期として、ベストだったと言えます。

50は、シニアへの入り口と思う方も多いのではないでしょうか。

でもそれは「入口」であって、その中でどういう気持ちで過ごすかで、残りの人生が変わってくると思います。

やはり、好奇心を持つことは重要ですね。好奇心を持っていれば、80、90になっても、いつまでも若々しくいられると思います。

60代に入り、50代を振り返ってみたら、全然若かったなと思いました。きっと70代に入って、60代を振り返れば、まだまだ若かったよね、と思うはずです。「人生で今日が一番若い」という言葉もあるくらいです。自分で年齢という壁を作る必要はないと思います。

60代を迎えて、これから私がやってみたいことは、美術館巡りです。絵画を見るのが好きなので、まだ行ったことのない美術館をあちこち巡ってみたいです。特にルーブル美術館、メトロポリタン美術館は死ぬまでに一度は行きたいです。

今まで見た絵画品で心を打たれ、印象に残っている作品は、国宝「松林図屏風」です。安土桃山時代の絵師・長谷川等伯の代表作で、近世水墨画における最高傑作の一つに挙げられています。

霞《かすみ》の間より見え隠れする松林は四つのグループに分けられ、全部で二十数本の松が水墨で表現されています。これは、石川県七尾市の松林を描いたと言われています。そのモデルになった松林もいつか見てみたいです。静岡の三保の松原とはどれくらい違うのかというのも、見比べてみたいですね。

他に画家としては、フランスの画家・ジャン＝ピエール・カシニョールが好きです。気品あふれる女性を描くことが多く、色使いもぱっと気分が明るくなるような、でも上品な色遣いがとても素敵です。

それから陶芸も好きなので、色んな窯元も巡ってみたいですね。日本文化にも積極的に触れていきたいです。

もちろんその年齢だからこそ分かる良さもあります。年齢に負けずに、ぜひ今気になることを楽しんでみてください。

「ジェネレーションギャップ」も味方にしてみる

社会人になって40年以上経ち、時代は昭和、平成、令和と移り変わりました。40年前と大きく違うと感じるのは「コンプライアンス」です。

コンプライアンスとは「法令遵守」のことです。企業や個人が法令や社会的ルールを守ることを意味しています。

転職をするたびにその研修が増えていき、朝日生命では特に厳しく言われています。特に、パワハラ、セクハラ、モラハラ、マタハラなど……。「ハラスメント」という言葉が本当にあちこちで飛び交います。

確かに昔は、そういうことに関して疎いところはありました。営業成績を上げるために、上司が部下を叱咤激励する。少々強い言葉であっても、それは相手を思ってのことでしたが、今はその言葉に気を付けないとハラスメントに該当してしまいます。

また、上司が同僚をランチや飲みに誘うことすらも、気を付けないといけない時代。みんな平等、相手を傷つけないというのは当然なのですが、何でもかんでもハラスメントと括ってしまうのは、どうかと思うこともあります。

時代によって変化したなと思うことは、他にも色々あります。

それは「子供たちの挨拶」です。今は知らない人とは挨拶をしていけないと教えてられているそうです。

先日も、集団登校をしていた近所の子供さんに「おはよう」と挨拶をしたら、無視されてしまったことがありました。「あら、最近の子は挨拶もしないのね」と思っていると、一緒に付き添っていた母親が慌てて、

「すいません。今は知らない人に挨拶しないってことになってるんです」

と言ってきてびっくりしました。その母親はすぐに「望月さんは、お母さんも知ってる人だから挨拶していいのよ」と子供さんに教えていて、それからは顔を合わすと挨拶をしてくれるようになりました。

ちょっと寂しい気はしました。昔は近所のおじいちゃんやおばあちゃんから「行っといで」「お帰り、今帰ってきたの？」と声をかけてもらうのが嬉しかったのに。それらが地域防犯のひとつとなっていたはずです。

他には「若い世代は電話が苦手」ということです。

仕事であっても率先して電話に出ないことも。

「なんでとらないの？」と聞いても、「すいません」としか言わず……。

スマホが普及して、ラインやメールで連絡は事足りる時代。そもそも電話に出ること自体に慣れていないのかもしれませんね。

それにスマホに着信があれば、誰から電話がかかってきたか分かりますが、会社の電話は、それが分からないのも苦手になるひとつのようです。

そしていざ電話に出たら、相手の顔が見えないので、何を考えているのか分からず、余計怖いとか……。

私たちの時代は黒電話でしたから、もちろん誰からかかってくるのか分からないのが当たり前。これは便利な社会が生んだ弊害かもしれません。

時代が流れて、もちろん変化が生まれるのは仕方がないことですから、60代以上の人たちは、そういうジェネレーションギャップをあえて味方にして、社会にでて、活躍していったら、面白くなるのではと思います。

例えば、放課後の児童クラブなども70、80代にがんばってもらって、子供たちに寄り添って、昔ながらのいいこと、忘れてはならないことなどを伝えていけたらいいのではないかと思います。

最近は家におじいちゃん、おばあちゃんがいない人も多いです。やはり人生豊富な人たちから学ぶことは貴重ですし、人生の役に立つことが必ずありますからね。

60代からの夢、私の未来

これからの人生、さらにどんなことが起きるんだろうと想像すると、わくわくが止まりません。毎日パラダイスです。

この春からは、朝日生命の社員となり、いよいよ営業活動が始まります。

まずは、この保険会社でチームリーダーになりたいと思っています。やるからにはトップに立たないと気が済みませんから！

私がチームリーダーになったら、みんなを盛り上げたいですね。そして営業成績もあげて、お金を稼ぐことの喜びを知ってほしいです。

そもそも研修だけで終わるつもりだったのに、今は一生懸命やってみようという気持ちに変わった理由は、営業所の皆さんのおかげでもあります。

相良営業所の皆さんは、物事の決断が本当に早い！　お弁当を頼むにしても、もたもたしているとおいていかれます。美味しいものやファッションなど、常に色んなアンテナを立てていて、常に情報を得ています。

そういう姿を見ていたら、とても刺激を受けました。ここでもう一度、新しいことを学んでみようと思ったのです。

実は静岡の女性は、そういうてきぱきした人が多いです。

静岡出身の最近の有名人と言えば、ピンクレディさんや長澤まさみさん、広瀬アリス、すず姉妹、そして、ももいろクローバーZの百田夏菜子さんになりますが、皆さん明るくはつらつ、てきぱきした印象です。

もうひとり、衆議院議員の上川陽子さんは静岡一区から選出されています。外務大臣にもなられ、その仕事ぶりは皆さんもご存じかと思いますが、日本初の女性総理大臣になるのではないかと囁かれるほど、すごい女性です。

私も負けじと、静岡を代表する女性になれるよう精進したいですね！

保険会社の仕事と並行して、風水心理カウンセラーの仕事も、もちろん続けていきます。

こちらはもっと活動の幅を広げて、カウンセラーとしてもっと飛躍したいです。そのためには知識を増やし、一日でも長生きして、ひとりでも多くの人に私の言葉を発信していきたいです。

私の言葉で勇気づけられたり、元気になったりする人を見るのが、私の最大の喜びです。

それから、人と出会いをもっと大切にしていきたいですね。

保険会社の仕事では、今までと違った分野の人たちと出会う機会がありそうなのです。もしかしたら、遠洋漁業の漁師の方と出会うかもしれません。静岡はマグロ漁船が帰港する港がいくつもありますので。どんな話ができるのか、今からわくわくしますね。

ちなみに、静岡と言えば、沼津や清水、焼津港が有名ですが、地元では御前崎港の魚も好んで食べるのです。マグロの他にも、カツオ、桜エビ、しらすなど、美味しい新鮮な魚があります。こういう地元の人しか知らない、静岡の良さも発信していきたいです。

きっと最初の仕事を辞めずにいたら、今の私はなかったでしょう。出会う人たちも違って、おそらくこの本も書いていなかったかもしれません。新しいことに出会いたくて、一歩を踏み出した当時の私を褒めてあげたいと思います。想いを持って新しいことを始めることが、自分を変えます。

「変わることが怖い」という女性も多いですが、そんなことはありません。変わることは怖くない、楽しいんだということを知ってほしいですね。50代、60代は、本当に楽しいことが待っています。どんな小さなきっかけでも、新しい発見は新しい喜びを生み、新しい喜びは人生を彩るということを、たくさんの人に広めていきたいと思います。

✦おわりに

いかがでしたでしょうか。

少しは皆さまの日常に役立ちそうなエピソードはありましたでしょうか。

あらためて振り返ってみると、50代からが、私の「本当の人生」のスタートだったと思います。50代は転職につぐ転職、そして介護。とにかく濃い内容がいっぱい詰まった時代でした。

そして始まったばかりの60代。

解雇をはねのけ、61才での朝日生命の社員に転職。この原稿が佳境に入ったのと同時に、研修が終わり、営業の仕事が本格化しました。もう新しい発見ば

EPILOGUE

おわりに

かりです。

この本が出版される頃には、私は62歳となります。

昨年の今頃は、右手を骨折して不便を強いられており、まさかこんな未来が待っているとは、予想だにしていませんでした。

たった一年で、こんなに人生が変わってしまうとは……。今でも信じられません。でも、目の前で起きていることが現実です。

いよいよ私の作家になるという、長年の夢が叶う瞬間が来ました。

私の文章がたくさんの方の目に触れると思うと、正直、緊張して原稿もなかなか進みませんでした。

自分のことを書くことはこんなに恥ずかしいことなのかと思ったり、言葉を綴って思いを届けることの難しさを実感したりしました。

でもここでくじけたら、何もかも終わってしまう。そんなもったいないことはできない。今こそポジティブ精神をさく裂させるべきだと思いました。

この本を手にとってくださった方々が、私の経験を読んで元気になっている姿を想像し、こんなに色んなことが起きてもくじけずがんばっているなら、私もがんばろうと思ってくださったりするのを想像しながら、原稿に向き合いました。

編集スタッフの方からも、

「そのポジティブさ、その面白いことを書いたらいいんです。みんなの応援歌になるような本にすればいいんですよ」

と叱咤激励されたことで奮起し、最後まで書き上げることができました。

さらに、ご縁があって社員になることになった朝日生命の仲間たちも、この本が出ることをとても楽しみにしていて、応援までしてくれています。

正直これまで、生命保険会社のセールスレディの方たちには、あまりいい印

EPILOGUE

おわりに

象がありませんでした。本当に偏見だったのですが、どこか、保険に強引に加入させるようなイメージだったのです。

でも入社してみると、そんなことは一切なく、お客様第一、お客様の立場になって、気配りを持って接することを大事にしていました。

社内の雰囲気もよく、私はまたかけがえのない仲間に出会えたんだと嬉しくなりました。

また今回の出版についても、会社に何か迷惑をかけてはいけないと、O所長に事前に相談をしました。するとすぐに、会社の本部に確認してくださいました。もちろん出版については問題なく、むしろ、

「女性が活躍することを応援している会社なので、がんばってください」

とエールをいただきました。

まだ数か月の付き合いなのに、本当にありがたいことです。

人生100年時代、いえ、120年時代も近いと言われています。60歳でようやく、人生の折り返しです。60歳が折り返し地点と気付くことが若さの秘訣でもあるそうです。

「まだ60年も生きるの!?」とは思わないでくださいね。

まだまだやれることがあると思えば、なんだって可能性が出てきます。

私で言えば、毎年一冊ずつ本を出しても、なんと60冊も出せてしまう！　なんてすごいことでしょう。

そのためには「ネタ」をたくさん作らなくてはいけませんね。

そうなると、家でじっとしていては何も生まれませんから、必然と外に出ていく。そしてまた新しいことを吸収して……。

そんなことを考えているだけで、夢が広がり、わくわくしてきます。

もう楽しい未来しか想像できません。たった一度の人生、誰に遠慮すること

EPILOGUE

おわりに

もないはずです。

これからも、信念を持って、やりたいことをやり続けて行きたいです。

そしてたくさんの人にこの本を読んでいただき、元気な人生を送っていただくことが私の今一番の望みです。

最後までお読みいただき、ありがとうございました。

令和6年4月

望月　十三恵

PROFILE

望月十三恵

Tomie Mochizuki

静岡県藤枝市出身。司法書士事務所に33年勤務。 50代で行政機関に入っている派遣会社に転職。母親の介護を経て地元の建築会社に再就職。60代で朝日生命に再就職。チャレンジ精神、好奇心、自由な発想こそ我が人生！　人生は一度切り、人生は楽しく！ と今を謳歌している。

LIXIL協力店の建築会社に勤務したことがきっかけで様々な住宅関連の資格を取得。風水インテリアアドバイザー、ハウジングスタイリスト、整理収納アドバイザーなど。この時に風水心理カウンセリング協会代表理事の谷口令氏と運命の出会いを果たす。風水や九星気学の奥深さに惹かれ猛勉強し風水心理カウンセラーの資格を取得。現在は静岡県掛川市を拠点に風水心理カウンセラーとして風水個人鑑定はもとより、風水セミナーを開催。多くのクライアントとの出会いこそが人生の喜び、風水心理カウンセラーが天職！ このために生まれてきた！　との思いで活躍中。

人生《じんせい》は50《ごじゅう》からが面白《おもしろ》い！
60《ろくじゅう》からはもっと面白《おもしろ》い!!

望月《もちづき》十三恵《とみえ》 著

2024年4月11日　初版発行

発行者　磐﨑文彰

発行所　株式会社かざひの文庫
〒110-0002　東京都台東区上野桜木2-16-21
電話／FAX 03(6322)3231
e-mail : company@kazahinobunko.com
http://www.kazahinobunko.com

発売元　太陽出版
〒113-0033　東京都文京区本郷3-43-8-101
電話 03(3814)0471　FAX 03(3814)2366
e-mail : info@taiyoshuppan.net
http://www.taiyoshuppan.net

印刷・製本　モリモト印刷

出版プロデュース　谷口 令
編集協力　スギ タクミ
装丁　BLUE DESIGN COMPANY
イラスト　桃色ポワソン

ISBN978-4-86723-161-6